电子商务人才培养研究

彭　莉◎著

全国百佳图书出版单位
吉林出版集团股份有限公司

图书在版编目（CIP）数据

电子商务人才培养研究/彭莉著. --长春:吉林出版集团股份有限公司, 2023.6
ISBN 978-7-5731-3714-2

Ⅰ.①电… Ⅱ.①彭… Ⅲ.①电子商务－人才培养－研究－中国 Ⅳ.①F724.6

中国国家版本馆CIP数据核字(2023)第115343号

DIANZI SHANGWU RENCAI PEIYANG YANJIU

电子商务人才培养研究

著　　者：彭　莉
责任编辑：欧阳鹏
封面设计：冯冯翼
开　　本：720mm×1000mm　1/16
字　　数：260千字
印　　张：14
版　　次：2023年6月第1版
印　　次：2023年6月第1次印刷

出　　版：吉林出版集团股份有限公司
发　　行：吉林出版集团外语教育有限公司
地　　址：长春市福祉大路5788号龙腾国际大厦B座7层
电　　话：总编办：0431-81629929
印　　刷：三河市金兆印刷装订有限公司

ISBN 978-7-5731-3714-2　定　　价：84.00元
　举报电话：0431-81629929

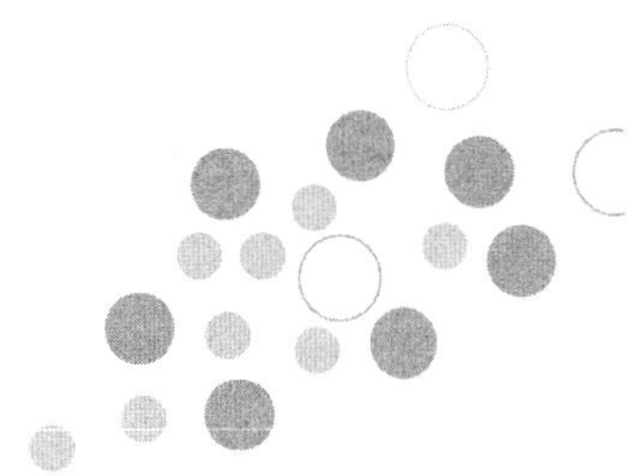

前　言

互联网凭借其巨大的优势和潜力，正在并将继续改变着人们在通信、工作、生活、娱乐及其他领域的方方面面。互联网的商业应用价值与日俱增，越来越多的商家开始利用互联网进行商务交往活动，互联网已逐渐成为企业在全球范围内从事商务活动最便捷、最有效的工具。电子商务无论为企业还是个人，都带来了新的机遇和挑战，它改变了企业的商务活动方式和人们的消费方式。电子商务主要讨论人们如何利用网络（主要是互联网）开展交易活动。它主要是通过电子的形式买卖商品、服务和信息。当然，电子商务并非仅仅只有买卖，还包括通过电子的形式沟通交流、相互协调及检索信息。利用互联网，我们可以开展远程学习，重新构建我们的商业网络和社会网络。中国的电子商务发展走在世界前列，极大地影响着我们的商业活动，影响着我们的学习方式、工作方式和生活方式。

电子商务的发展日新月异，新技术层出不穷，但电子商务专业的教学却面临着严峻的挑战，人才需求量大和就业率低的矛盾发人深省：企业到底需要怎样的电子商务人才？电子商务人才到底该如何培养？这些问题都直接取决于人才培养模式是否与经济发展过程形成良性互动。现阶段，电子商务专业的教学和人才培养要紧跟时代的步伐，要欣然拥抱这个灿烂的时代而“上下求索”。

在本书的撰写过程中，参阅并借鉴了很多优秀的专著和教材，并参考了大量网络资料，在此一并表示衷心的感谢。由于笔者学术水平有限，加之时间仓促，书中难免存在不足之处，恳请各位专家、读者不吝赐教，以期得到切实的改进与提高。

2023 年 4 月

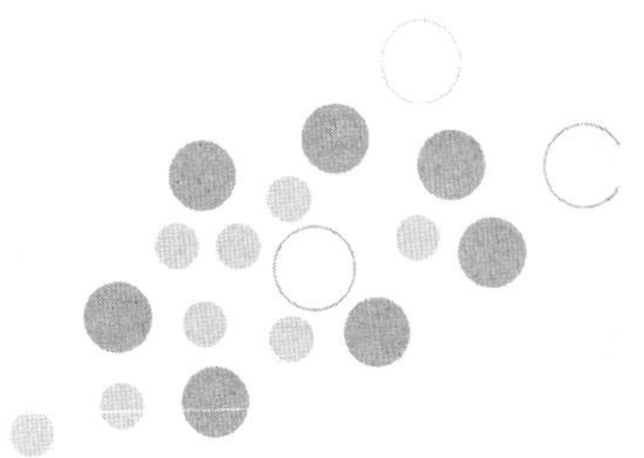

目　　录

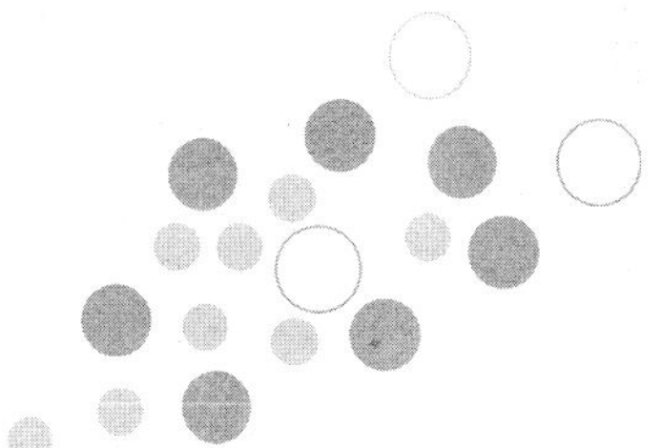

第一章　电子商务概述

第一节　电子商务的概念

一、电子商务的概念模型

电子商务的概念模型是对现实世界中电子商务活动的一般抽象描述，它由交易主体、电子市场（Electronic Market，EM）、交易事务和信息流、资金流、物流等基本要素构成。在电子商务概念模型中，交易主体是指能够从事电子商务活动的客观对象，它可以是企业、银行、商店、政府机构、科研教育机构或个人等。电子市场是指电子商务实体从事商品和服务交换的场所，它是各种商务活动参与者利用通信装置，通过网络连接成一个统一的经济整体。交易事务是指电子商务实体之间所从事的具体商务活动的内容，如询价、报价、转账支付、广告宣传、商品运输等。

电子商务的任何一笔交易都包含以下三种基本的“流”，即物流、资金流和信息流。物流主要是指商品和服务的配送和传输渠道，对于大多数商品和服务来说，物流可能仍然由传统的经销渠道进行传输和配送，然而对于有些商品和服务来说，可以直接以网络传输的方式进行配送，如电子出版物、信息咨询服务、有价信息等。资金流主要是指资金的转移过程，包括付款、转账、兑换等过程。信息流既包括商品信息的提供、促销营销、技术支持、售后服务等内容，也包括诸如询价单、报价单、付款通知单、转账通知单等商业贸易单证，还包括交易方的支付能力、支付信誉、中介信誉等。对于每个交易主体来说，它所面对的是一个电子市场，必须通过电子市场选择交易的内容和对象。

二、电子商务的定义

电子商务是随着科学技术的发展，特别是电子技术、通信技术及网络信息技术的不断进步而产生的一种新型交易方式。换句话说，电子商务是运用现代电子技术、通信技术及信息技术，利用计算机网络从事的各种商务活动，简称 EC（Electronic Commerce）或 EB（Electronic Business）。由于在英文中 EB 比 EC 的含义更广泛，所以用 EB 更合适一些。

电子商务有广义和狭义之分。狭义的电子商务是指利用互联网进行的商品交易活动，可以称作电子交易或网上交易。较低层次的电子商务只能完成电子交易的部分环节，如电子商情发布、网上订货等。较高层次的电子商务是利用网络完成全部的交易过程，包括信息流、商流、资金流和物流，从寻找客户、商务洽谈、签订合同到付款结算都通过网络进行。

广义的电子商务是指在网络上进行商务贸易和交易。

电子商务通常是指在全球各地广泛的商业贸易活动中，在因特网开放的网络环境下，基于浏览器、服务器应用方式，买卖双方不谋面地进行各种商贸活动，实现消费者的网上购物、商户之间的网上交易和在线电子支付以及各种商务活动、交易活动、金融活动和相关的综合服务活动的一种新型的商业运营模式。

电子商务指的是利用简单、快捷、低成本的电子通信方式，买卖双方不谋面地进行各种商贸活动。电子商务可以通过多种电子通信方式来完成。简单来说，通过打电话或发传真的方式来与客户进行商贸活动，似乎也可以称为电子商务，但是现在人们所探讨的电子商务主要是以电子数据交换（EDI）和互联网（Internet）来完成的。尤其是随着互联网技术的日益成熟，电子商务真正的发展将是建立在互联网技术上的。所以也有人把电子商务简称为 IC（Internet Commerce）。

从贸易活动的角度分析，电子商务可以在多个环节实现，由此也可以将电子商务分为两个层次，较低层次的电子商务如电子商情、电子贸易、电子合同等；最完整的也是最高级的电子商务应该是利用互联网网络能够进行全部的贸易活动，即在网上将信息流、商流、资金流和部分的物流完整地实现。也就是说，你可以从寻找客户开始，洽谈、订货、在线付（收）款、开具电子发票一直到电子报关、电子纳税等通过互联网一气呵成。

要实现完整的电子商务过程还会涉及很多方面，除了买家、卖家外，还要有银行或金融机构、政府机构、认证机构、配送中心等机构的加入才行。由于参与电子商务中的各方在物理上是互不谋面的，因此整个电子商务过程并不是物理世界商务活动的翻版，网上银行、在线电子支付等条件和数据加密、电子签名等技术在电子商务中发挥着重要的不可或缺的作用。

三、电子商务的特点

电子商务具有虚拟性、跨越时空及高效性。

（一）虚拟性

1. 企业经营的虚拟化

对流通企业而言，采用电子商务的方式可以实现无店铺经营。网络零售企业，既不必租赁门面陈列商品，也无须雇用大量售货员，它所需要的只是可以上网提供产品信息并接受客户订单的服务器、信息处理人员以及用来存放商品的仓库。“无店铺经营”节省了大量人力和日常运转费用，用户可以通过联网计算机在网站上选购商品，获得公司提供的各种产品和服务。

对生产性的企业而言，采用电子商务的方式可以实现无厂房经营。传统企业采取“大而全”“小而全”经营模式的一个重要经济原因就是企业间合作存在困难。网络通信技术可以实现企业与其合作伙伴间信息系统的联网，这使得企业间合作如同企业内部合作一样便利。这样，企业就可以把自己不具有成本优势的产品与服务外包出去，而将企业资源集中进行“核心价值的生产”。

正因为互联网可以实现贸易伙伴间全球性的生产合作，才使得虚拟企业（又称“头脑企业”）得以出现，其生产方式是整合分散在世界各地的资源而进行“合作生产”。

2. 交易过程的虚拟化

交易过程的虚拟化表现为交易双方从接触、磋商、签订合同到支付等无须当面进行,通过网络均可以完成,整个交易过程完全虚拟化。

(二)跨越时空

电子商务跨越时空的特性主要是指网络商务的开展可以不受时间和空间的限制。传统企业一般都有上、下班时间限制,而电子商务服务器是 24 小时运转的,所以电子商务企业的网上服务可以 24 小时进行。传统的企业在建立新厂或新店时都要精心选址,如需要充分考虑交通条件、车流量和人流量、居民分布特点等因素,尤其对商业企业来说,企业的服务范围和能力只能覆盖一定地理区域。而电子商务企业可以不受上述因素的约束,企业将和全球市场连接起来,交易的对象可以是世界各地的个人、企业和机构,因而它的服务范围可以覆盖全球。

(三)高效性

首先,互联网技术使贸易中的商业报文标准化,并使商业报文在世界各地瞬间完成传递和计算机自动处理,从而使企业的原料采购、产品生产、销售、银行汇兑、保险、货物托运及申报等过程能在最短的时间内完成。由此可见,电子商务克服了传统贸易方式费用高、易出错、处理速度慢等缺点,极大地缩短了贸易时间,使整个贸易过程快捷、方便。

其次,电子货币的出现和流通可以缩短资金的在途时间,提高资金的周转率。

最后,先进的信息技术使市场信息的收集和商品的发布、展示、宣传、挑选以及咨询、谈判、结算等活动均可以在网上进行,这意味着商业运转的流程和周期大大缩短,商业活动的效率大大提高。

第二节　电子商务的内容功能

一、电子商务的内容

(一)电子商务的组成要素

电子商务关键组成要素有信息流、资金流和物流。

1. 信息流

(1)电子商务信息流的概念及分类

电子商务信息流是指电子商务交易活动中买家和卖家为促成利于对方的交易而进行的所有信息获取、辨别、处理与应用活动。它是一切电子商务活动的核心。现代电子商务环境下的企业管理的本质和核心就是对企业信息流实施有效控制,从而增进企业效益。电子商务信息流可以分为以下三类:

①企业内部信息流。在传统企业还没有建立企业内部网的时候,企业内部分别存在着横向和纵向的信息流动。横向的信息流动是在企业各平级部门之间流动的信息流,纵向的信息流包括自上而下的或者自下而上的信息流。在企业建立了自己的内部网后,企业内的信息流动发生了变化,内部网的建立使得企业的信息流可以在企业的各个部门、各个组织之间自由地流动,成为整个企业内部信息流的枢纽。信息传递的效率更高,信息量更大,科学性也更强,更易应用于决策当中。

②企业与企业之间的信息流。在电子商务环境下,企业与企业之间借助于电子数据交换可以实现更为快速、准确的信息交流。电子数据交换软件将用户数据库系统中的信息,译成电子数据交换的标准格式,以供传输交换。然而,每个公司都有其自己规定的信息格式,当需要发送电文时,必须用某些方法从公司的专有数据库中提取信息,并把它翻译成电子数据交换标准格式进行传输,这就需要电子数据交换软件的帮助。

③企业与客户之间的信息流。在 21 世纪,客户资源已经成为现代企业的最重

要资源。如何与客户进行有效的交流、获得客户对产品反馈的第一手信息已成为几乎所有企业的第一要务。借助客户关系管理系统，企业可以轻松地达到这一目的。借助于客户关系管理系统，企业可以方便地建立客户档案并与其有效沟通，形成和分析各种客户数据并做出市场导向的决策。

（2）电子商务信息流的重要性

①电子商务信息流是现代商品流通先导性的基础流。商品流通作为一个体系，它是商流、物流、信息流、资金流的有机结合并形成互动机制。但是，电子商务的出现与发展，使商品流通中信息处理的功能发生了质的飞跃，由此确立信息流在现代商品流通过程中的主导地位。这就是说，信息流已经成了现代经济活动中其他各流互动循环的基础。由于现代技术在信息处理上的重大突破，电子商务信息流将对整个商品流通形成系统控制，使商流、物流、资金流的运动建立在快速高效的信息活动的基础之上，并由此带来管理思想、商务模式的彻底改变。

②电子商务信息流创造新的商务模式。电子商务信息流改变了传统的商务模式，使买卖双方可以在网上完成商品交易的主要过程，创造了新的商务模式。电子商务信息流所支撑的商品流通模式以数据库为核心，利用计算机网络与数据库技术、条码技术等手段实现商品流通过程中的数据管理功能的自动化。在电子商务环境下，企业的商务活动主要依靠数据库来进行决策。电子商务形成的数字化、信息化经营模式，正在把企业与消费者带入网络经济数字化生存的世界；在这个世界里，人类的一切经济活动都与信息网络密切相关，依靠网络获取经济信息，从事企业经营活动。

③电子商务信息流能真正实现“以顾客为中心”的营销理念。传统的商务活动中，由于信息载体、传输渠道、信息交流方式等的局限，企业不能真正把握顾客的需求，提供适销对路的产品吸引和维持顾客。在电子商务的环境中，生产者的客户关系管理能够真正实现想客户之所想、急客户之所急。因此，电子商务信息流是实现“以顾客为中心”的根本保证，缺少了电子商务信息流，电子商务企业能给顾客

带来比传统商务企业更多的价值让渡将无法实现，企业将没有发展前景。

④电子商务信息流有利于企业经济效益的提高。利用现代信息网络有效地沟通各方面的信息，特别是系统外部的信息，有利于企业通过经营范围的扩大、供应链的整合、业务流程的再造等来增加收入，同时还可以降低成本，从而提高企业的经济效益。

(3)完善电子商务企业信息流管理的对策

①优化电子商务企业内部业务流程。电子商务企业内部信息处理控制能力的改善应该从流程的改善开始。企业应该根据业务部门需要简化业务流程，结合部门工作的特点，给每个业务部门规定合理的数据库访问权限，明确各个部门需要共享的信息资源并详细记录订单信息传输过程中的相关问题；建立有效的订单跟踪手段，在逐步完善业务流程的基础上，完善系统的管理决策职能的应用，逐步建立现代电子商务管理系统，全面集成企业的信息资源。

②改善电子商务企业与产品供应商之间的信息流管理。产品供应商信息化程度影响着电子商务信息流管理效率。在我国，传统产品供应商信息技术手段落后，虽然有自己企业的管理信息系统，但都是针对企业内部的，与电子商务企业的合作方面管理及技术薄弱，订单确认慢，难以实现实时预定，导致双方的客户流失。结合现有企业特点发展符合自身特色的业务流程，利用互联网 H/s 架构的特点，通过电子商务网站对签约下的产品供应企业进行一定的数据库的授权，使得信息能够及时准确传递，以促进产品供应商改善服务质量。

③实现信息的集成式管理，逐步贯彻实施行业标准。国内电子商务企业起步较晚，在行业信息资源的集成方面能力不足。可以通过固定的交互合作模式，实现订单信息的传递有效性，同时拓宽产品分销渠道。

④通过信用体系建设，加强企业对资金信息流的控制能力。信用卡的普及加速了电子商务行业的发展。我国电子商务企业应该在信用卡逐渐普及后，通过收取部分定金的方式来限制随意上网预定的行为方式，由此减少无效订单，降低不必

要的合作企业间的资源损失。

2. 资金流

(1)电子商务资金流的内涵

在电子商务活动过程中,财产物资的货币表现就是资金,而这些资金总是处于不断的运动之中,资金的流入和流出统称为资金流。融资是资金运动的第一步,它可以分为内源融资和外源融资。前者指以内部积累的方式实现融资,包括利润提成和折旧,后者则是指通过出让股权或从银行贷款实现融资。

货币资金有两种运作方式。一是转化为金融资金形态,即进入资本市场进行金融投资,这类处于金融资本形态的资金可以随时在资本市场上转化为货币资金。二是转化为储备资金形态,准备投入生产。在生产过程中,随着生产费用的支出,资金就从储备资金形态转化为生产资金形态。产品制成以后,资金又从生产资金形态转化为成品的资金形态。在销售过程中,出售产品并取得销售收入,这时资金又从成品资金形态转化为货币资金形态。

(2)电子商务资金流的特点

电子商务资金流的一个最为显著的特点就是支付形式的网络化。由此,电子商务资金流的外在表现形式就是信息流。所以,电子商务资金流就具备了电子商务信息流的一般特点,如数字化、全球化、标准化、直接化、透明化等。

①资金周转速度快。在电子商务支付平台的支撑下,由于银行、税务、消费者等都在网上有自己的平台,信息传递速度和办理交易与结算手续速度加快,从而使得资金周转的速度加快。

②资金流通范围广。在电子商务环境下,电子贸易的发展必将促进资金在世界范围内的流动,并且加快统一的世界货币的形成。世界货币的产生又会反过来促进资金在全球范围内的流动,从而推动世界经济朝全球化方向发展。

③资金支付轻便性、成本低、安全性高。与电子环境下的电子货币相比,一些传统的货币如纸质货币和硬币则愈发显示出其不足。

（3）资金流在电子商务中的作用

①资金流的简便快捷有利于实现电子商务中信息高速运转。电子商务信息化使商务交易整个过程速度加快，传统的支付方式由于票据传递迟缓和手工处理落后，交易双方的资金周转速度慢，形成大量的在途资金，银行很难做到当天结算。而采用在线支付，利用电子支付系统可以实现全面无纸化交易，原有纸质文件的邮寄变为通过数据通信网络进行传递，加速资金的周转率和周转速度，缩短了付款时间，符合电子商务信息高速运行的要求。

②资金支付环节低成本运营有利于降低电子商务的成本。电子商务借助网络改变了信息流的传播方式，商流、资金流和物流的交换也随之发生变化，形成了新的商务流通模式，其优势之一在于减少流通环节，节约各运行环节成本，采用在线支付较传统支付方式成本低廉。据美国权威统计资料表明，在线支付运营成本每笔不超过 13 美分，而依传统方式处理的成本则高达 108 美分，差距非常大。

③资金流通的全球化有利于扩大电子商务的市场范围。电子商务是在互联网开发的网络环境中生成的，具有全球性特质。传统支付手段面对电子商务交易的跨国性业务时，往往履行手续复杂、时间滞后。而在线支付采用信用卡、电子现金、电子钱包、电子支票和数字货币等电子支付工具，以金融电子化网络为基础，以商用电子化机具和各类交易卡为媒介，以电子技术和通信技术为手段，以电子数据形式存储在银行的计算机系统中，并通过计算机网络的信息传递实现电子货币流通，实现金融活动全面自由和金融市场全球开放，适应电子商务活动无国界的货币传输、支付和结算要求。

3. 电子商务中的物流

（1）电子商务对物流服务的要求

①对物流配送的要求。现代消费者在运用电子商务平台进行消费行为时，多是出于方便快捷的消费诉求，因此“送货上门”是电子商务物流服务应该达到的基本要求。消费者并不希望在收货上面花费太多的时间和精力，而更倾向于一种

“傻瓜式”的服务方式。这样才能做到“省时省力”，满足消费者方便快捷的省心需求。

②对物流效率的要求。在商品配送效率上，消费者当然是希望整个交易周期越短越好，希望在支付完毕以后，以最快的速度收到货品，这就对物流配送的效率、速度提出了要求，电子商务的物流必须快速、及时地对订单进行处理，在完成配货以后能以最快的速度发货、送货。

③不倾向订单拆分的服务要求。在一项调查中表明，多数消费者并不希望一个订单被拆分成多次配送，而是希望能够“一步到位”，同时收到一个订单中的所有物品。那么，这就对物流仓储提出了新的要求，即在仓库设定过程中，尽量满足每个仓库货品齐全，能够统一配送。大多数电商企业想到做到这一点并不容易，但是随着物流体系的日益成熟，相信这一天指日可待。

④对自定义发货时间的要求。现代人的生活节奏较快，时间被各种琐事占据，工作或生活都会面临很多突发情况，那么一些个性化服务就显得十分重要，如自定义发货时间。这要求电商物流体系在运作上要更加灵活，便于处理各种消费者的不同要求，满足消费者的个性化需求。

⑤对物流服务费用的要求。现在电商行业的激烈竞争，对物流配送进行免费服务也成为竞争的一张“王牌”，但出于运营成本的限制，多数企业的免费物流服务品质并不理想，但是即便如此，消费者仍倾向于常规情况下的“免费服务”，这要求电商企业在物流体系的建设上能够适当提升服务品质，让消费者享受到“价廉物美”的物流服务。

（2）电商物流体系建设对策建议

①电商企业需正视物流体系建设的重要性。在当下激烈的竞争中，电子商务企业更要正视和重视物流配套服务的作用，要积极搭建企业物流体系，完善物流服务，提升消费者满意度，为企业的良性发展做好坚实后盾。在产品研发的同时也要重视物流服务的开发，日益建立健全企业的物流体系。只有树立这样的观念才能

在电子商务企业的发展中摸索出一条通往成功、成熟的道路,让中国的电子商务在百姓生活中占据越发重要的地位。

②要大力培养电商物流专业人才。电商物流,顾名思义,既要懂得电子商务运营又要懂得物流管理,并且能将两者相结合。这样的复合型人才才是电子商务物流体系最需要的人才。在如今的时代背景下,加紧专业人才的培养是当务之急,并且是电商物流良性发展的根本性保障。各大高校应该关注这一问题,并迅速整合师资着手培养这方面的专业人才。

③利用电子商务企业的自有平台,在竞争中求合作。电商企业规模大小不一,参差不齐。很多大企业有自有的物流体系,那么很多中小型企业可以在竞争中求合作,有偿使用大企业的物流网络,或者中小企业联盟共同搭建自己的物流体系,建立属于自己的物流配送网络。并以此不断提升自己的服务水平,增加自己的竞争力,进而做大、做强。

④完善相关法律法规,规范电商物流体系的建设。为了完善我国电子商务物流体系的建设,除了企业自己的努力,政策的支持也是不可或缺的。只有改善电子商务物流发展的大环境才能保证电商物流健康、良性地发展。因此,必要的政策和规范应该逐渐出台,支持电子商务物流的发展与建设。

(二)电子商务的分类

1. 按照交易对象的不同分类

电子商务参与方一般有企业(business)、消费者(customer)和政府(government),根据参加交易对象的不同分为:B2B、B2C、C2C、B2G和C2G。

(1)企业与企业之间的电子商务(B2B)

B2B是企业与企业之间通过专用网或互联网,进行数据信息的交换、传递,开展贸易活动的电子商务形式,此种商务形式可以将有业务联系的公司通过电子商务将关键的商务处理过程连接起来,形成在网上的虚拟企业圈。例如,企业利用计算机网络向其供应商进行采购,或利用计算机网络进行付款等。这一类电子商务,特别是企业通过私营或增值计算机网络（VAN）采用EDI（电子数据交换）方式所进行的商务活动，已经存在多年。这种电子商务系统具有很强的实时商务处理能力，使公司能以一种可靠、安全、简便快捷的方式进行企业间的商务联系活动，以达成交易。

（2）企业与消费者之间的电子商务（B2C）

企业与消费者之间的电子商务活动，是人们最熟悉的一种电子商务类型，这类电子商务主要是借助于互联网所开展的在线销售活动。大量的网上商店利用互联网提供的双向交互通信，完成在网上进行购物的过程。最近几年随着互联网的发展，这类电子商务异军突起。例如，在互联网上目前已出现许多大型超级市场，所出售的产品一应俱全，从食品、饮料到电脑、汽车等，几乎包括了所有的消费品。由于这种模式可节省客户和企业双方的时间和空间，从而可大大提高交易效率，节省各类不必要的开支，因而这类模式得到了人们的认同，获得了迅速的发展。

（3）企业与政府方面的电子商务（B2G）

政府与企业之间的各项事务都可以涵盖在电子商务中，包括政府采购、税收、商检、社会保障、管理条例发布等。政府一方面作为消费者，可以通过互联网发布自己的采购清单，公开、透明、高效、廉洁地完成所需物品的采购；另一方面，政府可以通过电子商务方式充分、及时地对企业完成宏观调控、指导规范、监督管理等职能。借助网络及其他信息技术，政府职能部门能更及时全面地获取所需信息，做出正确决策，做到快速反应，能迅速、直接地将政策法规及调控信息传达到企业，从而起到管理与服务的作用。在电子商务中，政府还有一个重要作用，就是对电子商务的推动、管理和规范。

（4）消费者与消费者之间的电子商务（C2C）

互联网为个人经商提供了便利，任何人都可以"过把瘾"，各种个人拍卖网站层出不穷，形式类似于"跳蚤市场"。

（5）消费者与政府之间的电子商务（C2G）

消费者与政府之间的电子商务指的是政府对个人的电子商务和业务活动的管理。这类的电子商务活动目前还不多，但应用前景广阔。居民的登记、统计和户籍管理以及征收个人所得税和其他契税、发放养老金、失业救济和其他社会福利是政府部门与社会公众个人业务关系的主要内容，随着我国社会保障体系的逐步完善和税制改革，政府和个人之间的直接经济往来会越来越多。

2. 按照开展电子交易的范围分类

按照开展电子交易的范围，电子商务可分为三类：本地电子商务、远程国内电子商务、全球电子商务。

（1）本地电子商务

本地电子商务是指利用公司内部、本城市或者本地区的信息网络实现的电子商务活动。本地电子商务交易的范围比较小，是利用互联网、企业内部网或专网将下列相关系统联系在一起的网络系统。参加交易各方的电子商务信息系统，包括买方、卖方及其他各方的电子商务信息系统，银行金融机构电子信息系统，保险公司信息系统，商品检验信息系统，税务管理信息系统，货物运输信息系统，本地区EDI中心系统等。本地电子商务是开展远程国内电子商务和全球电子商务的前提和基础，而且从某种意义上说，涉及实物交易的电子商务，交易双方最终要确定交货地点，所以它归根结底是区域性和本地化的。

（2）远程国内电子商务

远程国内电子商务是指电子商务在本国范围内进行的网上电子交易活动。其交易的地域范围较大，对软硬件和技术要求比较高，要求在全国范围内实现商业电子化、自动化，实现金融电子化，而且交易各方需具备一定的电子商务知识、经济能力、技术能力和管理能力等。

（3）全球电子商务

全球电子商务是指在全世界范围内进行的电子交易活动，参加电子商务的交易各方通过网络进行贸易活动。它涉及有关交易各方的相关系统,如买卖方国家进出口公司系统、海关系统、银行金融系统、税务系统、保险系统等。全球电子商务业务内容繁杂,数据来往频繁,要求电子商务系统严格、准确、安全、可靠。全球电子商务客观上要求要有全球统一的电子商务规则、标准和商务协议,这是发展全球电子商务必须解决的问题。

3. 按照使用网络的类型分类

按照使用网络的类型来分类,电子商务目前主要分为:基于EDI网络的电子商务、基于互联网(Internet)的电子商务、基于企业内部网(Intranet)的电子商务以及基于无线通信网络的电子商务。

(1)基于EDI网络的电子商务

EDI(电子数据交换)是按照一个公认的标准和协议,将商务活动中涉及的文件标准化和格式化,进而将这些标准化和格式化的数据利用网络进行传输。EDI是电子商务的早期形式,因此基于EDI网络的电子商务被称为EDI电子商务。

(2)基于互联网的电子商务

基于互联网的电子商务也称为“现代电子商务”,是基于互联网开展的商务活动的总称。它是以计算机技术、多媒体技术、数据库技术等为基础,利用TCP/IP协议组织合作网络,在网上实现营销购物服务活动。

(3)基于企业内部网的电子商务

基于企业内部网的电子商务是一个企业内部或一个行业内利用网络开展的电子商务活动,在企业和行业内形成一个商务活动链,大大提高工作效率和降低运行成本。

(4)基于无线通信网络的电子商务

基于无线通信网络的电子商务被称为移动电子商务,是基于无线上网技术,将手机、传呼机、掌上电脑、笔记本电脑等移动通信设备结合所构成的电子商务体系。移动电子商务由于它真正实现了“随时随地与任何人通信”的愿望,作为新兴的电子商务形式备受关注，市场潜力巨大。

4. 按电子商务交易阶段分类

（1）交易前电子商务

交易前电子商务主要是指买卖双方和参加交易各方在签订贸易合同前的准备活动，包括三个方面的内容。首先，买方根据自己要买的商品，准备购货款，制订购货计划，进行货源市场调查和市场分析，反复进行市场查询，了解各个卖方国家的贸易政策，反复修改购货计划和进货计划，确定和审批购货计划。再按计划确定购买商品的种类、数量、规格、价格、购货地点和交易方式等，尤其要利用互联网和各种电子商务网络寻找自己满意的商品和商家。其次，卖方根据自己所销售的商品，召开商品新闻发布会，制作广告进行宣传，全面进行市场调查和市场分析，制定各种销售策略和销售方式，了解各个买方国家的贸易政策，利用互联网和各种电子商务网络发布商品广告，寻找贸易伙伴和交易机会，扩大贸易范围和商品所占市场的份额。其他参加交易的各方如中介方、银行金融机构、信用卡公司、海关系统、商检系统、保险公司、税务系统、运输公司也都为进行电子商务交易做好相应的准备。最后，买卖双方就所有交易细节进行谈判，将双方磋商的结果以文件的形式确定下来，即以书面文件形式和电子文件形式签订贸易合同。电子商务的特点是可以签订电子商务贸易合同，交易双方可以利用现代电子通信设备和通信方法，经过认真谈判和磋商后，将双方在交易中的权利和所承担的义务以及对所购买商品的种类、数量、价格、交货地点、交货期、交易方式和运输方式、违约和索赔等合同条款，全部在电子交易合同中做出全面详细的规定。合同双方可以利用电子数据交换进行签约，可以通过数字签名等方式签名。

（2）交易中电子商务

交易中电子商务主要是指买卖双方签订合同后到合同开始履行之前办理各种手续的过程。交易中要涉及有关各方，即可能涉及中介方、银行金融机构、信用卡公司、海关系统、商检系统、保险公司、税务系统、运输公司等，买卖双方要利用 EDI

与有关各方进行各种电子票据和电子单证的交换，直到办理完可以将所购商品从卖方按合同规定开始向买方发货的一切手续为止。

（3）交易后电子商务

交易后电子商务是指从买卖双方办完所有手续之后开始，卖方要备货、组货，同时进行报关、保险、取证、发信用证等，卖方将所售商品交付给运输公司包装、起运、发货，买卖双方可以通过电子商务服务器跟踪发出的货物，银行和金融机构也按照合同，处理双方收付款、进行结算、出具相应的银行单据等，直到买方收到自己所购商品，完成了整个交易过程。索赔是在买卖双方交易过程中出现违约时，需要进行违约处理的工作，受损方要向违约方索赔。

5. 按商务活动的商品内容分类

按照商务活动的商品内容进行分类，电子商务分为直接电子商务和间接电子商务。

（1）直接电子商务也称为“无形商品或服务的电子商务”

无形商品是指包括计算机软件、娱乐内容、电子读物、信息服务等可以数字化的商品。这类电子商务形式所有的商务活动过程均可以直接在互联网上完成。由于无形商品的电子商务完全可以在网络上实现，又被称为“完全电子商务”。

（2）间接电子商务也称“有形商品的电子商务”

有形商品是指占有空间的实体类商品，这类商品在交易中可以利用网络实现信息的沟通、产品的订货和网上支付，但是最终需要依靠物流配送环节将实体运送到消费者的手中。有形商品的电子商务由于不能完全在网上完成所有的商务环节，又被称为“不完全电子商务”。

（三）电子商务平台

电子商务平台又称为“门户站点”，是企业为合作伙伴、客户等提供的访问企业内部各种资源的统一平台。通过这一平台，企业的合作伙伴，如原料提供商可以获取企业当前的原料库存情况及近期生产计划，从而优化自身的资源调配和生产调度；而企业的客户可以通过这一窗口了解企业产品的详细资料并且获得企业提供的咨询服务等。

从广义的角度看，电子商务平台是企业电子商务系统的一个组成部分。企业内部信息系统的各种信息通过电子商务平台向外发布，改变了原先企业信息利用率不高、资源无法被外界获得的局面。没有电子商务平台的电子商务系统是不完整的，而将企业电子商务系统等同于企业的电子商务平台也是不够全面的，无法达到优化企业生产、销售等一系列作业流程和降低企业成本、提高生产效率等作用。电子商务平台更强调对外的网站，而企业信息化不仅包括网站，还包括企业内部的其他信息系统。这些信息系统与电子商务平台是高度集成统一的。在电子商务基础平台上，可以使用安全电子邮件、网上业务受理和网上支付、网上商店等各种应用系统。

概括来讲，电子商务平台结构包括以下部分。

1. 网络基础设施

可以将网络基础设施形象地比喻成信息高速公路，它是实现电子商务的最底层基础设施，是由广域网、城域网、局域网层层搭建而成。信息通过电话线等有线方式或无线电波方式传递。

2. 多媒体内容和网络宣传

现阶段最流行的信息发布方式是以 HTML 的形式将信息发布在网络上，发布的信息可以是多媒体的，应用 Java 移植性强的特点，将信息传播应用于各种网络、设备、操作系统和界面。

3. 信息传播的基础设施

（1）非格式化的信息交流：E-mail、FAX，主要面向人。

（2）格式化的信息交流：电子数据交换，主要面向机器。

（3）HTTP：超文本传输协议，是 Internet 上通用的传播工具与非格式化的多媒体信息。

4. 贸易服务的基础设施

（1）安全和认证：提供的信息是可靠的、不可篡改的、不可抵赖的，在有争议的时候提供证据。

（2）电子支付：完成一笔网上交易需要进行电子支付，必须保证网上支付是安全的。

（3）目录服务：将信息妥善组织，从而方便地增、删、改，支持市场调研、咨询服务、商品购买指南。

5. 电子商务应用系统

在上述基础上，可一步一步地建设实际的电子商务应用，如供货链管理、视频点播、网上银行等。

6. 技术标准

技术标准定义了用户接口、传输协议、信息发布标准、安全协议等技术细节。就整个网络而言，标准对于保证兼容性和通用性是十分重要的。

二、电子商务的功能

电子商务可提供网上交易和管理等全过程的服务，它具有广告宣传、咨询洽谈、网上订购、网上支付、电子账户、产品和服务传递、意见征询、交易管理等各项服务功能。

（一）广告宣传

电子商务可利用 Web 服务器在 Internet 上发布各类商业信息。客户可借助网上的检索工具迅速查询或检索到所需商品信息，而商家可利用 Web 网页和电子邮件在全球范围内进行广告宣传。同以往的各类广告相比，在网上发布广告成本更为低廉、信息发布更加快速、多媒体的广告内容（包括文字、图片、动画和声音信息）更加丰富，用户可以在线浏览到全方位的广告信息。

（二）咨询洽谈

电子商务可借助非实时的电子邮件、新闻组和实时聊天来了解市场和商品信息,洽谈交易事务。若有进一步的需求,还可以用网上的白板会议来即时、互动地交流图形信息。网上咨询和洽谈能超越面对面洽谈的限制,提供多种便捷的异地交谈形式。

（三）网上订购

电子商务可借助 Web 网页,直接在网上订购商品,网上订购界面非常友好,也十分方便,有时只要用鼠标点击几下就能完成全部订购过程。订购时可以使用客户密码,也可采用加密的方式,这样客户和商家的商业信息就不会被泄露,安全可靠。当然,也可以用电子邮件完成网上订购。

（四）网上支付

电子商务要成为一个完整的过程,其中网上支付是重要的环节。可采用各种银行卡、信用卡进行支付,相关信息将经过安全保密处理并直接提交给认证系统。在网上直接采用电子支付手段可节省交易中的开销。网上支付需要更为可靠的信息传输安全性控制以防止欺骗、窃听、冒用等非法行为。

（五）电子账户

网上支付必须由银行或信用卡公司这类金融单位提供电子账户管理等网上操作的金融服务,客户的信用卡号或银行账号是电子账户的标志。电子账户管理是其基本的组成部分,需要配备必要安全技术措施,如数字证书、数字签名、加密等手段的应用保证了电子账户操作的安全性。

（六）产品和服务传递

电子商务需要将已付了款的客户所订购的货物尽快传递到他们的手中。而有些货物在本地,有些货物在异地,电子邮件能在网络中进行物流的调配。而最适合在网上直接传递的货物是信息产品,如软件、电子读物、信息服务等。它能直接从电子仓库中将货物发到用户端。

（七）意见征询

电子商务能十分方便地采用网页上的列表选择或文字框来征询、收集用户对销售服务的反馈意见，这样使企业的市场运营能形成快速信息反馈回路。客户的反馈意见能提高售后服务的水平，更能使企业获得改进产品、发现市场的商业机会。

（八）交易管理

整个交易的管理将涉及人、财、物多个方面，企业和企业、企业和客户及企业内部等各方面的协调和管理。因此，交易管理是涉及商务活动全过程的管理。电子商务提供良好的交易管理的网络环境及多种多样的应用服务系统，这样更能保障电子商务获得良好效益。

第三节　电子商务的作用影响

一、电子商务的作用

在现代信息社会中，电子商务可以使掌握信息技术和商务规则的企业与个人系统地利用各种电子工具和网络，高效率、低成本地从事各种以电子方式实现的商业贸易活动。从应用和功能方面来看，可以把电子商务分为三个层次或“3S”，即show、sale、serve。

（一）show（展示）

即提供电子商情，企业以网页方式在网上发布商品信息及其他信息，并在网上做广告等，从而树立企业形象，扩大企业知名度，宣传产品服务，寻找新的贸易合作伙伴。

（二）sale（交易）

即将传统形式的交易活动的全过程在网络上以电子方式得以实现，如网上购物等。企业以此完成交易全过程，扩大交易范围，提高工作效率，降低交易成本，从而获取经济和社会效益。

（三）serve（服务）

指企业通过网络开展的与商务活动有关的各种售前和售后服务，可以完善电子商务系统，巩固原有的客户，吸引新的客户，从而扩大企业的经营业务范围，获得更多的经济效益和社会效益。企业是开展电子商务的主角。

二、电子商务的影响

（一）电子商务将改变商务活动的方式

传统的商务活动最典型的情景就是“推销员满天飞”“采购员遍地跑”“说破了嘴、跑断了腿”，消费者在商场中精疲力竭地寻找所需要的商品。而通过互联网只要动动手指就可以了，人们可以进入网上商城浏览、采购各类产品，而且还能得到在线服务，商家可以在网上与客户联系，利用网络进行货款结算服务，政府还可以方便地进行电子招标、政府采购等。

（二）电子商务将改变人们的消费方式

网上购物的最大特征是消费者的主导性，购物意愿掌握在消费者手中，同时消费者还能以轻松自由的自我服务方式来完成交易，消费者主权可以在网络购物中充分体现出来。

（三）电子商务将改变企业的生产方式

由于电子商务是一种快捷、方便的购物手段，消费者的个性化、特殊化需求完全可以通过网络展示在生产商面前。为了取悦顾客、突出产品的设计风格，制造业中的许多企业纷纷发展和普及电子商务。

（四）电子商务将为传统行业带来一场革命

电子商务是在商务活动的整个过程中，通过人与电子通信方式的结合，极大地提高商务活动的效率，减少不必要的中间环节，传统的制造业借此进入小批量、多品种的时代，“零库存”成为可能；传统的零售业和批发业开创了“无店铺”和“网上营销”的新模式；各种线上服务为传统服务业提供了全新的服务方式。

（五）电子商务将带来全新的金融业

在线电子支付是电子商务的关键环节，也是电子商务得以顺利发展的基础条件。随着电子商务在电子交易环节上的突破，网上银行、银行卡支付网络、银行电子支付系统以及电子支票、电子现金等服务将传统的金融业带入一个全新的领域。

（六）电子商务将转变政府的行为

政府承担着大量的社会、经济、文化管理和服务功能。在电子商务时代，在企业应用电子商务进行生产经营、银行金融电子化以及消费者实现网上消费的同时，也同样对政府管理行为提出了新的要求。

总而言之，作为一种商务活动过程，电子商务将带来一场史无前例的革命，其对社会经济的影响远远超过商务本身。除了上述这些影响外，它还将对就业、法律制度以及文化教育等产生巨大的影响，电子商务将人类带入信息社会。

三、电子商务的基本组成要素

电子商务的基本组成要素有Internet、顾客、物流中心、认证中心、银行、商家等。

（一）顾客

顾客可分为个人和企业。个人用户使用浏览器、电视机顶盒、个人数字助理、可视电话等接入Internet。为了获取信息、购买商品，还需采用Java技术及产品。企业用户建立企业内部网、外部网和企业管理信息系统，对人、财、物以及进、销、存进行科学管理，企业利用Internet网页站点发布产品信息、接受订单，即建立电子商城。如要在网上进行销售等商务活动，还要借助于电子报关、报税、支付系统与海关、税务局、银行进行有关业务处理。

（二）认证中心（CA）

认证中心是法律所承认的权威机构，负责发放和管理数字证书，使网上交易的各方能互相确认身份。电子证书是一个包含证书持有人、个人信息、公开密钥、证书序号、有效期、发证单位的电子签名等内容的数字文件。

（三）物流中心

接受商家的送货要求，组织运送无法从网上直接得到的商品，跟踪产品的流向，将商品送到消费者手中。

（四）网上银行

在 Internet 上实现传统银行业务，为用户提供 24 小时实时服务，包括与信用卡公司合作，发放电子钱包，提供网上支付手段，为电子商务交易中的用户和商家服务。

四、电子商务系统的交易流程

（一）电子商务系统交易的主要参与者

在电子商务的交易过程中，需要很多角色的参与，这其中除了作为交易主体的企业和消费者，为了保证电子商务的顺利进行，还需要为电子商务交易提供服务的其他相关机构，如政府机构、中介机构、认证机构等。

1. 企业

企业是电子商务系统交易的主要参与者，电子商务环境中的企业是指利用电子商务系统进行采购或销售的企业。在 B2C 电子商务中，他们是零售商；在 B2B 电子商务中，他们是批发商或者采购商，他们通过电子商务系统完成电子订货、电子采购、电子支付和商品出售。企业利用电子商务系统开展商务活动，可以通过全球性广告、便利的电子手段和高效的通信能力，利用最直接的流通方式、最少的流通环节、最快的流通速度来降低企业成本、缩短生产周期、增加企业收益，从而使企业获得最大的经济效益。

2. 政府

电子商务的顺利发展离不开政府的支持和保障，政府在电子商务交易中发挥了巨大的作用。

（1）政府是电子商务发展规划的设计者

政府部门应当发挥政策的宏观指导作用，从战略高度重视电子商务对未来经济发展的重要推动作用，制定电子商务发展的宏观战略和规划。电子商务是将高新技术与商务活动相结合的具体应用，涉及各个行业和社会的方方面面，在政策的制定过程中，应当加强行业之间、政府与企业之间的相互沟通和对话，增强政策广泛性和透明度，确保电子商务发展政策的宏观指导性、连续性、示范性和引导作用，克服“政出多门”，避免“多头管理”。

（2）政府是电子商务发展环境的营造者

电子商务作为一种新型的交易手段和商业运作模式，它的成长不仅取决于计算机和网络技术的发展与成熟，而且很大程度上取决于政府能否营造有利于电子商务发展的适宜环境。电子商务交易涉及法律、工商、税务、银行、运输、商检、海关、外汇、保险、电信、认证等部门，以及商家、企业、客户等单位，要使它们按照一定规范与程序相互配合、相互衔接、相互协调以共同完成有关电子商务活动，政府就要为它们营造公平的法律环境、竞争环境以及完善的市场环境。

3. 消费者

电子商务系统中的消费者是指利用电子商务系统进行消费的个人或团体，消费者可以分为两种：个体消费者和团体消费者。个体消费者是指利用 B2C 或 C2C 电子商务交易系统进行消费的个人；团体消费者是指利用 B2B 电子商务交易系统进行电子采购的企业或部门。

在电子商务交易中，消费者的数量反映了电子商务应用和发展的程度，消费者越多，电子商务就越发达，否则就越不发达。但是，消费者数量的增加受到观念、网络普及程度、安全、法律等很多因素的影响，所以电子商务的发展是一个系统工程，它需要方方面面的支持。

4. 认证机构

在电子商务系统中，为了保证交易信息的传输安全，除了在通信传输中采用更强的加密算法，电子商务系统中的各参与方还必须有一个可以被验证的标识，这就是数字证书。数字证书必须符合一定的标准，并且其来源必须可靠，这就意味着应该由一个各参与方都信任的机构专门负责数字证书的颁发和管理，这个机构就是认证机构。

认证机构，即认证中心，它是采用PKI公开密钥基础架构技术，专门提供网络身份认证服务，负责签发和管理数字证书，且具有权威性和公正性的第三方信任机构。目前，CA认证中心主要分为根认证中心、品牌认证中心和区域性认证中心。

目前，CA认证中心主要由以下三部分组成：在客户端面向证书用户的数字证书申请、查询和下载系统；在注册机构端由RA管理员对证书申请进行审批的证书授权系统；在CA控制台签发用户证书的证书签发系统。

目前，CA认证中心提供的数字证书业务主要包括：数字证书的申请、签发和发布；证书的查询、作废、更新、存档，有时还提供在线证书状态查询服务；密钥的管理，即密钥的产生、存储、更新、备份和恢复。

5. 中介机构

电子商务环境中的中介机构是指为完成一笔交易，在买方和卖方之间发挥桥梁作用的各种经济代理实体。它是最具电子商务特色的重要参与者，大部分的金融性服务行业，如银行、保险公司、信用卡公司都属于中介机构；此外，经纪人、代理人、仲裁机构等也都是中介机构。

大致来说，电子商务环境中的中介机构可以分为三类：为商品所有权的转移过程（支付机制）服务，如金融机构、阿里巴巴等公司；提供电子商务软硬件服务和通信服务的各种厂商，IBM、HP、微软等软硬件和解决方案提供商；如百度等提供信息搜索服务的信息服务增值商。

（二）电子商务系统的基本交易流程

1. 消费者开始浏览商家的网页

建立安全的通道，要求WWW服务器具有服务器证书（此处的证书并非用于交易，只是建立浏览器的SSL连接，也可以不用SSL连接）。在消费者发起HTTP请求时，自动建立SSL连接。建立安全通道的目的主要是保证用户在选择物品和填写送货信息时的信息安全。

2. 消费者选择物品放入购物车

消费者选择物品放入购物车时，商户系统为消费者建立订单号。

3. 消费者结账

消费者选择结账方式，一般采用网上支付。用户点击支付按钮时，商家向用户浏览器发出 Wakeup 的消息，唤醒用户的电子钱包。电子钱包可以是浏览器自带的（如 IE 的 E-wallet），也可以是 CA 推荐的软件。

4. 消费者发送初始请求给商家

在消费者填写正确的账号信息后，提交支付，发送初始请求。请求消息中包括银行信息和订单号，以便于商家选择相应的支付网关，即选择用户的开户行。

5. 商家发送初始应答及证书

商家收到初始请求以后，产生应答信号并进行数字签名，应答消息包括商家号、订单号、费用、订单细目的摘要、时间；商家获得支付网关的密钥交换证书；商家将初始应答和商家证书、支付网关证书一并传给消费者。

6. 消费者收到应答并发送购买请求

第一，消费者收到商家应答，用商家的公钥解开数字签名，对比签名中的内容是否和签名外的内容一致，验证商家证书。

第二，消费者验证商家签名并验证订单细目是否一致；消费者产生订购信息 OI，OI 包括商家号、订单号、订单细目的摘要、时间；对该摘要用自身签名私钥加密，形成数字签名。

第三，消费者产生支付信息 PI 并进行数字签名，PI 包括商家号、订单号、费用、信用卡号、密码、时间；用支付网关的公钥加密 PI 信息，形成数字信封，成为加密的 PI 信息，该信息只有用支付网关的私钥才能解开，商家无法解开，以确保用户金融信息的私密性，在这里 OI 不需要用支付网关的私钥进行加密。

第四，消费者将 OI 和加密的 PI 制成数字信封连同消费者证书传递给商家。

7. 商家收到购买请求

商家收到购买请求以后，首先解开数字信封获得 OI，验证消费者证书，然后商家比较订单的摘要是否相同，并将支付信息送至支付网关授权。

8. 商家发送支付授权请求

商家产生授权请求并对授权请求进行数字签名，以此形成数字信封；商家将形成的数字信封、商家证书及消费者发送给支付网关的 PI 数字信封发送给支付网关；将消费者证书一并发给支付网关，便于验证签名。

9. 支付网关收到支付授权请求

支付网关收到支付授权请求以后，验证商家证书，并解开授权请求数字信封，得到授权请求消息；支付网关验证商家数字签名和消费者证书并解开 PI 数字信封，得到支付信息 PI，验证消费者数字签名；支付网关核对商家号、订单号、费用、时间，并进行唯一性检查；支付网关将用户卡号、密码、费用转换为 8583 格式。

10. 将 8583 格式的金融信息发送给金融机构

11. 金融机构主机将确认消息传送给支付网关

12. 支付网关授权应答

支付网关产生授权应答消息并对授权应答消息进行数字签名；支付网关将签名后的信息形成给商家的数字信封并将其连同支付网关签名证书一并传送给商家。

13. 商家处理授权应答

首先，商家验证支付网关的签名证书并解开支付网关的数字信封，得到签名的授权应答；其次，商家验证支付网关的数字签名并保存该数字签名及消息，作为收款凭证。至此，商家完成购买请求。

14. 商家向消费者发送支付成功消息

商家产生电子票据，包括商家号、订单号、订单细目、时间，并进行数字签名；商家将电子票据和商家证书发送给消费者。

15. 消费者收到确认消息

消费者收到确认消息以后，验证商家证书和商家签名，保存电子票据，关闭电子钱包，返回浏览器就能收到支付成功信息。

（三）网络商品直销模式的交易流程

1. 网络商品直销的概念

网络商品直销是指生产者利用电子商务系统的功能直接将商品卖给消费者的过程，它是企业对顾客电子商务的一种实现方式。在网络商品直销模式中，生产型企业在互联网上建设自己的电子商务系统，为消费者购买本企业的产品提供便利。

2. 网络商品直销的交易流程

（1）消费者进入 Internet，登录企业电子商务系统，查看并选择需要购买的商品，然后放入购物车。

（2）消费者修改购物车内容，包括增加商品、删除商品、修改商品的数量等，然后确认购物信息。

（3）消费者填写订单，包括消费者姓名、住址等信息，然后将订单发送给企业的电子商务系统服务器。

（4）消费者选择支付方式，如信用卡，也可选用借记卡、电子货币或电子支票等支付方式，然后将支付申请发送给生产企业。

（5）生产企业的电子商务系统服务器与开户银行联系，使其与消费者的发卡银行联系，以取得支付授权。

（6）生产企业的电子商务系统服务器确认消费者付款后，通知销售部门或第三方物流企业送货上门。

（7）消费者的发卡银行将支付款项转账到企业的开户银行，开户银行负责向消费者发放收费单。

以上这些过程均在 SET 协议下进行，在整个交易过程中，需要第三方认证机构对交易双方进行身份认证，以确认交易双方的身份，目的是保证交易的安全。

3. 网络商品直销模式的主要优点

（1）该模式中的生产厂商熟悉自己的产品，能给顾客提供包括产品规格、品质、分类在内的全面信息，同时生产厂商能控制产品的生产流程及存货水平，避免出现不能满足顾客需求的情况，也不会因为实施电子商务带来额外的存货风险。

（2）该模式还能够有效减少售后服务的技术支持费用。消费者可以通过查阅生产厂家的主页解决许多使用中经常出现的问题，也可以通过论坛或 E-mail 与厂家技术人员直接交流。这样，生产厂家既可以减少技术支持人员的数量，又可以减少技术服务人员出差的频率，从而降低企业的经营成本。

（3）该模式能够有效减少交易环节，大幅度降低交易成本，从而降低商品的最终价格。在传统的商业模式中，存在着一个从原材料供应商到生产企业到批发商到零售商再到消费者的供应链。这也就意味着从生产企业到消费者每经过一个中间商，商品的价格就要上涨一次，上涨的价格等于中间商的盈利加上中间商的营业等费用。由此可见，中间商越少，消费者所购买商品的价格就越低，在网络商品直销模式中，消费者和生产企业之间没有中间商，所以企业和消费者就可以节约传统商业模式中中间商所获取的收益，从而使企业能够以较高的价格出售商品，消费者以较低的价格购买商品。

4. 网络商品直销模式的缺点

（1）由于在该模式中，生产型企业只销售自己生产的产品，所以这种网站提供的商品品种单一，顾客缺乏对同类产品的比较。

（2）对于生产厂商应对购买数量少、批次多的企业而言，该模式会对其生产带来一定的影响。

（3）消费者利用信用卡进行网上支付，不可避免地要将自己的信用卡号和密码输入计算机，犯罪分子可能利用各种高新科技的作案手段窃取信用卡号和密码，进而盗窃用户的钱款，这种情况无论是在国内还是国外都有发生。

（四）电子交易市场模式的交易流程

1. 电子交易市场模式的概念

电子交易市场模式是指通过网络商品交易中心，即虚拟网络市场将各个行业中相近的交易过程集中到一个场所，为企业的采购方和供应方提供交易机会的电子商务模式。在该模式中，网络商品交易中心以互联网为基础，利用先进的电子信息技术，将采购商、销售商和金融机构紧密地联系起来，为客户提供商品信息、交易平台、仓储配送、货款结算等服务。

2. 电子交易市场的交易流程

（1）各个供应商和采购商选择电子交易市场平台，注册成为电子交易市场平台的会员。

（2）供应商和采购商将供求信息发布到电子交易市场平台，该平台通过信息发布服务向会员提供大量的、详细的、准确的交易数据和市场信息。

（3）供应商和采购商根据电子交易市场平台提供的信息，选择自己的交易伙伴，电子交易市场平台从中促使买卖双方签订合同。

（4）采购商在电子交易市场平台指定的银行办理转账付款手续。

（5）商品由电子交易市场平台在各地的配送部门或第三方物流企业送达采购商。

3. 电子交易市场模式的优点

（1）电子交易市场模式为采购商和供应商提供了一个世界性的虚拟交易场所。世界各国的采购商和供应商都可以在电子交易市场平台上进行交易，每一个电子交易市场平台都能够储存全世界几千万种商品的信息资料，可联系千万家企业和商贸单位，每一个供应商都能够充分地宣传自己的产品，及时地沟通交易信息，最大限度地完成产品交易；每一个采购商都能够查找自己需要的产品，充分对比不同供应商的产品，购买最满意的产品。

（2）电子交易市场可以以中介的身份有效地解决传统交易中存在的一些信用

问题。在采购商和供应商注册成为电子交易市场会员时,电子交易市场就要核对他们提供的企业信息,以保证交易信息的真实性。在交易双方签订合同前,电子交易市场还可以协助采购商对供应商的商品进行检验,保证商品的质量符合标准。这就有效减少了商品"假、冒、伪、劣"问题,使交易双方不会因质量问题产生纠纷。签订的合同会被保存到电子商务系统的数据库中,电子交易市场的工作人员对合同进行监控,监督合同的履行情况。如果出现任何一方违约,系统将自动终止合同的执行,使对方避免遭受经济损失。如果合同履行顺利,货物送达后,电子交易市场的交割员将协助采购商验收。在验货合格后,采购商于 24 小时内将货款转账到供应商账户,此时方可提货,从而保证了采购商"货到必付款"。

4. 电子交易市场模式的缺点

(1)目前的合同文本还是纸质的形式,如何过渡到电子合同并在法律上得以认证,尚需解决有关技术和法律问题。

(2)整个交易系统的技术水平如何与飞速发展的计算机网络技术保持同步,则是在电子交易市场起步阶段必须考虑的问题。

(五)国际电子商务的交易流程

1. 国际电子商务的概念

国际电子商务是指买卖双方利用现代信息技术和通信技术进行国际贸易活动的信息交换过程。早期的国际电子商务是一种基于 EDI 的电子商务,我们这里所说的国际电子商务是基于 Internet 的全新贸易方式。

2. 国际电子商务的参与方

国际电子商务参与方主要包括卖方、买方、金融中介和第三方服务提供者,他们的权利和义务与传统的国际贸易有很大区别。

在国际电子商务中,卖方的主要责任是向买方提供与合同相符的货物或者按合同的规定安排第三方服务提供者提供服务;买方的主要责任是付款和收取货物,买方的义务主要是接受由第三方服务提供者提供的服务;金融中介负责支付货款,担保买方的付款承诺,担保买方金融中介的付款责任;第三方服务提供者按买方和卖方的要求提供服务,这里第三方服务提供者主要包括承运人、货物转运人、保险公司、海关等。上述的卖方、买方、金融中介和第三方服务提供者必须保证其发送给所有贸易当事人的电子报文的准确性、完整性、真实性。

3. 交易流程

(1)卖家利用买家的公开密钥对发价报文进行加密、数字签名并加盖数字时间戳,然后通过国际电子商务系统将该报文发送给买家。

(2)买家收到该报文后利用其私人密钥解密报文并且验证卖家数字签名的有效性,然后买家产生一条接受发价的报文,经加密、数字签名和加盖数字时间戳后通过国际电子商务系统传递给卖家,于是一条电子合同就形成了。在这里,数字时间戳主要用来证明接受发价的日期和时间。

(3)该电子合同详细规定了卖方获得货款所必须承担的义务,这些义务包括第三方服务提供者的义务。卖家根据电子合同向第三方服务提供者发送经加密、数字签名和加盖数字时间戳的指示报文。

(4)第三方服务提供者根据指示提供服务,然后发送一条经加密、数字签名和盖上数字时间戳的报文给卖家,证明其已经按照合同提供服务。

(5)电子合同所规定的卖家必须承担的所有义务被完成后,卖家向买家传递一条经加密、数字签名和加盖数字时间戳的报文,说明合同条款已经履行,通知买家付款。

(6)买家在确认合同条款已经履行后就可以通过电子支付手段进行付款,也可以通过金融中介付款。

(7)卖家根据付款或承兑情况向第三方服务提供者发送一个经数字签名、加密和加盖数字时间戳的报文,指示其向买方转移货物所有权。然后代表货物所有权的电子单据转移给买方,买方可以收取货物。

第四节 电子商务的应用领域

电子商务可以应用于贸易、金融、证券、咨询、旅游、广告、出版以及税务等领域，电子商务系统作为信息流、资金流的实现手段，应用极其广泛，这里简要介绍几种。

一、电子商务在国际贸易中的应用与发展

（一）电子商务贸易应用的特征

1. 有效促进商业交易过程中的成交量与沟通速度

通过电子商务的形式，可以增加不同商家、企业之间以及商家与顾客之间沟通交流的速度与有效沟通频次。电子商务通过互联网将买家与卖家联系起来，买家将自己想要获取的产品种类、材质、外观等信息通过互联网发送给卖家，卖家接收到以后能够及时地回复。不管买家与卖家身处何时何地，都可以通过互联网进行交易，电子商务的这种运作模式能够使得其生产过程不局限于一个国家，其供应链以及销售渠道是全球性的。通过计算机系统的信息录入，卖家可以在很快的时间内就获取顾客的需求，从而及时地采购生产所需的原材料，然后进行产品的生产与销售，并且企业和商家还能够在一定的时间内将产品兑换成现金流，及时回笼资金，从而实现生产销售运营环节的联系与循环。电子商务通过互联网打破时间与空间的限制，卖家和买家无须当面沟通交易，甚至可以在任何不同的两个国家、任何时间进行沟通与交易，而且买家的需求信息可以通过文字更加有效地传递给卖家。这样的电子商务运作模式不仅降低了交流沟通的机会成本，并且还能够使运输费用降低。总而言之，电子商务通过互联网的方式，有效地增加了商业交易的成交量，通过提升买家与卖家之间的沟通速度，从而促进了商业的繁荣发展。

2. 电子商务可以实现贸易活动的网络化与信息化

网络化与信息化的贸易活动，是未来企业开展商务的方向。信息化是指以数字的形式进行采取、储存、输送以及处理等。信息化有利于企业的商务向无纸化以

及快速化的方向发展。这种无纸化以及快速化的商务模式是电子商务区别于传统商务模式的重要表现之一。当代社会,时间就是金钱,电子商务的普及有利于时间的节约,同时还能够减少浪费,并且达到环保的目的。这种现代化、网络化以及信息化的电子商务将会是商务的发展方向。

(二)电子商务在国际贸易过程中的作用

互联网渠道中买家和卖家可以同时是不同国家的两个商家或者企业,所以这也就是为什么电子商务能够在国际市场的销售过程当中起作用的原因。电子商务不同于传统的国际贸易形式,其在原料采购、生产、销售、现金支付方式等方面都有所不同。以支付方式为例,传统的国际贸易需要通过信用证支付或者汇付等方式来实现买家与卖家之间的资金流向,并且还存在很大风险。然而在电子商务的交易过程中,只需要有一个第三方平台做担保,买家和卖家就可以通过互联网完成现金支付等各种操作,极大地简化了交易过程,促进了国际贸易的繁荣发展。

1. 互联网层面

(1)企业内部网

企业内部网是指运用国际互联网技术,特别是其中的万维网技术基础而建立的,主要用于企业或组织内部的信息交流,但仍能通过代理服务器与国际互联网连接的一种网络。万维网作为一种应用系统,具有统一的人机交互接口和良好的信息表达方式、方便的检索浏览功能,联系着全球可以公开检索的信息资源,因此逐渐成为国际互联网的主体。许多企事业单位、公司在它上面建立自己的主页,为发展电子商务、科技交流提供了极为方便的手段。

(2)企业外部网

企业外部网,也称“外联网”。是基于互联网标准将企业与供应商、经销商及经营伙伴连接起来的网络,不对公众开放。外部网代替了原来的电子数据交换(EDI)系统,因为外部网的成本比电子数据交换系统要低。在传统营销中,获得顾客和消费者的相关信息一直是企业追求的目标,顾客因不能充分掌握产品和服务信息而影响购买决策；公司因不能及时获得相关信息而失去许多潜在的商业机会。

2. 电子数据交换层面

EDI是电子数据交换的简称，是指按照同一规定的一套通用标准格式，将标准的经济信息通过通信网络传输到贸易伙伴的电子计算机系统之间进行数据交换和自动处理。由于使用EDI能有效地减少直到最终消除贸易过程中的纸面单证，因而EDI也被俗称为“无纸交易”。它是一种利用计算机进行商务处理的新方法。

EDI是将贸易、运输、保险、银行和海关等行业的信息，用一种国际公认的标准格式，通过计算机通信网络，使各有关部门、公司与企业之间进行数据交换与处理，并完成以贸易为中心的全部业务过程。

（三）国际贸易过程中应用电子商务的建议

1. 出台促进企业电子商务技术应用的新政策

政府相关政策的出台可以促进电子商务的应用与发展，因为政府政策的出台可以建立一个良好的市场环境来引导电子商务的发展。所以说政府需要建立良好的市场环境，通过引进外资、税收政策优惠等方面来促进电子商务的发展，同时民营企业以及国有企业，还有政府相关的政策部门要积极推进电子商务的发展，做好长远规划，同时加强相关立法工作。

2. 将电子商务体系进行完善，保证电子商务使用时的安全

在进行电子商务贸易的过程中存在一定的安全隐患，而这种安全隐患是导致使用者信心不足，无法扩张市场的原因。尤其是在国际市场中，许多国家十分注重个人隐私，并不愿意通过牺牲隐私来获得便利。因此，如果想要电子商务能够在国际贸易中占领一定的市场，就一定要保证在使用电子商务时的安全性。这种安全性包括进行买卖时信息的安全、物流货物的安全以及途经各种手续不会导致信息泄露。这就要求我国能够建立完整完善的相关法律去保证电子商务使用时的安全性，同时能够建立健全法律保护相关的国际贸易中使用电子商务的安全。做到有法可依、有法必依，这样才能扩大电子商务在国际贸易中的竞争力。

3. 建立完善的信用机制体系和诚信评估体系

由于在进行电子商务贸易时要保护双方的信息安全,这就使得进行电子商务贸易具有一定的隐蔽性。因此,想要电子商务能够长久地在国际贸易中发展下去,就要建立完善的信用评估体制体系。这种体制的建立主要是通过一定的衡量机制来进行信用评估,从而降低整个电子商务贸易的风险。

4. 完善相关的基础设施建设以及进行创新运用

想要良好地进行国际电子商务贸易就必须拥有良好的电子商务基础设施建设,这是保证一切电子商务进行的基础。在这个基础上,还应当进行国际电子商务贸易模式的创新,以及技术上的创新。促进国际电子商务贸易持续良好地发展。

二、电子商务运营模式在旅游管理中的应用

(一)在旅游产业中电子商务应用模式

随着计算机网络功能不断完善和电子通信技术的发展,电子商务向着标准化和规范化发展,其结构、特征、操作过程、交易模式等越来越具有统一性和通用性,分类日益清晰。按照电子商务交易的主体,目前,在旅游企业管理中电子商务应用模式与举例如下:企业到企业(B2B),旅游服务中介到景区经营企业就是这种模式,B2B 模式是基于一整套网络平台及其应用系统运营的、企业对企业的一种在线商务管理模式与服务系统;企业到客户(B2C),常见的网上订房、订票、销售路线都属于这种模式,B2C 模式是目前旅游电子商务舞台上的主角,也是目前最明确的获取收入的商业模式;客户到客户(C2C),自助旅游 C2B 和 C2C 都是网络在传统商业模式基础上的应用,将对自助旅游提供巨大的帮助,将帮助旅游企业更加准确和及时地了解客户需求,而这些恰恰是传统商业模式最薄弱的方面。

(二)电子商务运营模式在旅游管理中应用时的强化措施

1. 政府完善政策,促进发展

在国家政府方面,应该给予旅游电子商务良好的发展环境,通过对政策法规的完善,促进旅游电子商务的发展。国家的政策直接影响着一个行业的发展,完善的

法律法规能够有效地减少产业在发展过程中的困难，促进新兴产业健康长久地发展。电子商务产业是近年迅速发展起来的，之前的相关法律不能够完全地解决现有行业中所有的问题，虽然目前国家颁布了一些有关于电子商务的法律法规，但是对于旅游电子商务产业的法律法规依旧比较少，在税收、合同等许多方面都没有明确的规定。健全的机制才能够促进企业健康的发展，减少发展过程中的阻碍。法律要着重于对商户资质的审核提出明确的要求，并选择合适的方式让消费者能够查询到。对于交易过程中的信息以及隐私也要做出明确规定，让旅游电子商务在健康的环境下发展起来。例如，对于消费者的合法权益来说，健全消费者的合法权益明细，对今后旅游者在网上交易的过程中可能出现纠纷的问题做出明确规定，保护双方合理权益，也使消费者在交易时能够了解自己的权利和在使用过程中的责任。

2. 加强合作，树立品牌

在当今的经济形势下，没有任何一个产业或者环节能够独立存在，在不同的事物之间都有着紧密的联系，应该加强旅游产业各个环节之间的合作。包括景区方面、旅游中介等，加强各个环节之间的交流与合作，在竞争中完善自己，加强竞争力，促进自身的发展，同时也有利于中国旅游产业的发展。鼓励有关部门积极地做出相应的举措，适应当前的旅游行业背景，实现现代化的发展。互联网能够促进信息的广泛传播，对于旅游者来说，也能够更加便捷地浏览商户的信息，以及旅游地的特色、服务等多种信息。在这样的时代背景下，企业想要长久地发展下去的话，就必须树立自己的品牌。品牌是旅游企业能否占有更多的客源，提高自己市场竞争力的重要影响因素之一。旅游企业想要在市场竞争中获胜，就要为游客提供相关的旅游知识，具有成熟的信息技术，最重要的是能拥有自己的不可替代的业务。

3. 增强线上信息安全

在当今的网络时代，虽然生活更加便利，有许多人们不用再出门就可以完成的事情，但是随之而来也出现了一些问题。越来越多的个人信息在网上被泄露，造成财产损失，或者其他的经济问题，使得人们的警戒心逐渐增强，对于自己的个人信息，更多的情况下不愿意被知悉。但是在电子商务运营模式中输入用户的个人信息是必不可少的环节，这样一来，就需要能够对用户的信息起到很好的保护作用，企业要加强对于用户信息的加密技术的研究，最大限度地保护用户信息安全，让用户能够没有后顾之忧地完成在电子商务中的交易。同时，扩大宣传正规网站，防止旅游者进入不良网站泄露个人信息。例如，可以通过密码加密技术对用户信息进行第一重的保护，之后，通过发送验证码方式进行第二重保护，签名人在规定的时间内完成签名，通过多种技术手段对用户信息进行保护，让用户能够在交易过程中有安全感，这样才能够促进旅游电子运营模式的健康快速发展。用户信息安全是旅游电子商务发展的基础。

4. 增强风险意识和竞争意识

电子商务产业在我国的发展比较晚，旅游电子商务相对来讲，起步更晚，发展时间短，也就造成经验不足的现象，电子商务的运营模式还不成熟，在电商行业变化莫测的背景下，竞争不断加剧，在今后的发展道路上挑战重重，相应地，企业需要树立风险与竞争意识，在不断的发展中逐渐探索合理的运营模式，促进企业利润的最大化发展，使企业在长久的发展过程中逐渐探索出新的发展道路，不断创新，建立适合的企业发展模式。想要在激烈的市场竞争中屹立不倒，得到企业利益的最大化，在企业发展过程中就要逐渐完善自己的技术，建立自己的企业文化，最重要的是对于客户的服务，通过各种手段提高自己的企业核心竞争力，树立企业独特的品牌。在企业的服务中不仅注重对客户的服务态度，也要注重从客户的角度出发，找出客户的需求，通过多种方式解决客户问题。逐渐树立企业品牌。风险与竞争是当今企业发展面临的两大困难，是任何企业发展过程中都避免不了的阻碍，但是风险与竞争也是促进企业长久发展的不竭动力。企业想要长久地发展就必须树立风险意识与竞争意识。将发展的风险最小化，在竞争中促进企业的前进。

三、金融创新中的电子商务应用

（一）金融创新特点

金融创新是在对现有金融体制进行变革的基础上对金融工具的改动和创新，以获取现有的金融体制和金融工具所无法取得的潜在利润。金融创新包括金融服务和产品的创新、金融政策创新、金融资源创新、金融行业与其他行业融合创新。这一过程并不是一蹴而就的，而是缓慢进行，需要用长远目光来看待。可以说，金融创新由始至终地伴随着金融行业的发展，具有强大的生命力。我国目前虽然经济发展迅速，金融体系也在不断建设和完备，但是主要金融产品依然比较传统，缺乏活力。这种金融行业的现状越来越无法满足全球经济一体化和我国市场经济不断深入发展的要求。

相比西方发达国家，我国直到改革开放以后才开始对金融行业进行改革，金融创新也始于这个时候。起步晚，且仍然在不断探索中发展。国有商业银行的股份制改造、二级市场的不断完善、新三板和全国各地区四板的出现与发展等都在一定程度上促进了我国金融体系的完善。

（二）电子商务在金融创新中的应用

电子商务在金融创新中的应用，主要体现在电子支付、电子银行、电子货币、金融套餐和个性化服务五个方面。

1. 电子支付

网络的便捷性带来电子支付的飞速发展，金融资本得以在网络上进行支付和流转。在电子支付系统上，交易参与方的交易信息通过安全的电子手段传送至银行等机构，从而实现货币资金的转入和转出。电子支付加快了资金的流转速度，同时也加速了产品的流动，减少了商务活动当事人的时间成本和开支花费。在金融垂直领域，电子支付系统则更进一步建立在电子货币基础上，载体是信息网络，技术支持是电子数据，利用商用的电子化机器和交易卡设备为依托，依据银行提供的信息记录将电子信息的传递代替实际中货币资金的流转。

电子商务业务在我国的飞速发展与电子支付平台的完善密切相关,金融业务中加上了电子支付这一环节也变得更加全面。同时,电子支付和第三方电子支付平台也为消费者带来了便利。

2. 电子银行

电子银行又称网上银行、网络银行,是近年来各大传统银行机构重点发展的业务。

电子银行是商业银行使用公共通信通道及开放的网络渠道面向公众提供的银行业务。目前提到电子银行,主要指的是依托互联网和移动互联网提供的网上银行业务,广义上的电子银行业务还包括手机银行、电话银行等。

为了鼓励电子商务的发展,我国政府相继实施了“金税”等一系列的工程。目前,我国大多数商业银行都部署了电子银行业务,客户可以在电脑端及手机 App 端完成开户、账户查询、对账、行内及跨行转账、理财购买、基金购买、投资等业务,享受活期和定期存款、支票、信用卡及个人投资业务。相比线下实体网点,网上银行 24 小时均可提供服务。

随着国内商业银行不断提升创新理念,越来越多电子商务领域的技术被用到金融领域,金融创新产品不断出现,有机地将金融创新和电子商务结合在一起,真正实现了信息流、资金流和物流的整合。

3. 电子货币

电子货币没有物理形态,而是一系列的数据,代表客户从银行转入或转出的现金或存款,或从第三方支付平台如支付宝中使用自己的账户余额,以此来进行转账和交易。电子货币是电子商务交易的基础,如果没有这种货币形式,则交易双方只能通过线下支付现金的方式交付货款,电子商务也就无从谈起。

近几年来,一种新型的电子货币——数字货币被人们所热议。数字货币简称为 DIGICCY,是英文的“Digital Currency”(数字货币)的缩写。其中,以比特币为代表的密码货币成为国内外少数投资者的新选择。密码货币没有任何实物,其计算方式是一系列的密码算法，其创建、分发和维持都需要经过校验技术。这种密码货币是一种“去中心”的货币，不同于传统货币由发币机构来发行，只要掌握了点对点技术，任何人都可以发行密码货币。密码货币是一串使用密码学方法相关联产生的数据块，每一个数据块中都包含了交易信息，作用是验证防伪，并生成下一个区块。

4. 金融套餐

目前，我国金融体系主要包括三大类机构，即银行、保险和证券机构，这些机构被不同的部门所管辖，推出的业务也比较分散，不同银行之间、不同金融机构之间的交流比较少，缺乏信息沟通。随着电子商务的广泛应用，各大银行接口被打通并不断推广，不同的金融理财信息通过互联网得到快速传播，同时业务办理的速度也大大加快，可以为客户提供包含理财、储蓄、保险、基金、证券等一系列产品的金融套餐，为客户提供更便捷、更丰富的服务。

5. 个性化服务

互联网时代，信息流通速度大大加快，人们对个性化的要求也越来越高。电子商务的发展及不断创新也带来了金融产品的个性化服务。千篇一律的上门服务已经不再符合客户的口味，客户更希望按照自己对时间、地点、费用、档次等的要求选择接受个性化服务。个性化服务划分不同的类别，以便为不同种类的客户提供不一样的服务。同时，不同学历、收入、背景的客户选择和喜好也会不同，个性化的服务成为客户追求的消费时尚。这就要求银行利用一些最前沿的技术，如大数据和云计算，利用数据挖掘工具从用户交易行为、账单、客户传真、电子邮件中挖掘出有用信息，划分不同的类别，以便为不同种类的客户提供不一样的服务。

（三）电子商务的金融应用前景

1. 电商金融业态出现并不断完善

随着电子商务在金融创新下的不断发展和应用，电商金融这一新的业态近年来被越来越多的人讨论。电商金融，泛指电商提供的诸如电子货币、网络信贷、供应链金融、中间业务、货币业务、账户存取款、第三方支付工具、预售订单融资等金融业务。电商银行行业既拥有金融业的各种特性,又涵盖了“开放、平等、协作、分享”的精髓。电商金融还拥有传统金融所没有的优点,如用户体验更好、协作性更强、信息透明度更大、操作更简便、成本更低等一系列特征。

未来,我国电商金融业态将会进一步完善,电商金融与传统产业的融合发展不断加强。在这一领域还会出现更多的新兴服务模式,比如,随着金融电商云服务的发展,企业可利用大数据及时分析客户需求,面向用户提供更好的服务。

2. 电子商务带来传统金融变革

在电子商务时代,传统金融行业只有有效利用互联网金融进行产业升级和结构转型,才能促进传统金融业的进一步发展。在大多数人有电子商务支付需求的当下,一家银行机构若无法为客户着想,不能及时地推出各类金融创新产品以满足客户不断变化的需求,则势必会在金融机构的竞争中淘汰,出现“金融脱媒”现象。同时,互联网金融可以为每一个顾客精准画像,追踪每一个顾客的来源。在这种情况下,精准营销的需求越来越高,低效率的大众营销和“陌生拜访”将被淘汰。

3. 应用场景进一步增加

跨界合作金融将是大势所趋。比金融套餐更进一步,跨界合作金融为用户提供了多样化的金融服务,减少了传统金融行业的高收费行为。跨界金融合作将会进一步提高用户的参与度,为用户带来更好的体验,同时降低风险。不光金融与金融品牌合作,金融与非金融品牌合作同样能得到共赢。

线下价值将被逐渐强化。未来,电商的纯线上模式将被线下线上消费场景的融合所取代,这也是目前传统电商的发展方向。

4. 金融创新意识进一步提高

我国金融机构众多,再加上各地区的经济发展不均,导致金融水平的发展参差不齐。有些地区的电子金融刚刚起步,不管是和国外还是和国内发达地区相比,其金融服务水平和质量比较落后。未来,在这些地区,金融创新意识会进一步提高。

尤其是欠发达地区的银行等金融机构，需要首先树立金融创新的风险意识，保持开放积极的心态，并培养全球化视野和虚拟意识，进一步克服技术上的障碍，让客户放心购买金融产品。另外，金融机构的决策者还要参照国际标准，结合我国发展的实际情况，制定规范网络金融的规章制度，在促进电子商务行业发展的同时，也尤其要注意其中可能存在的金融风险，加强对金融创新和电子商务的监管，实现电子金融创新的稳步发展。

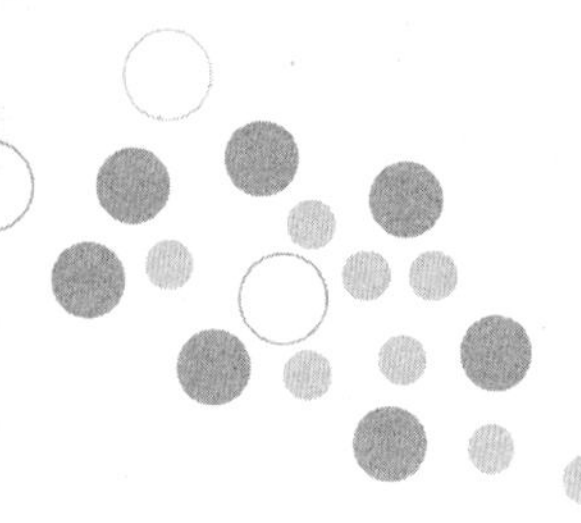

第二章 电子商务专业教学

第一节 电子商务专业方向与培养目标

电子商务专业是我国高等院校布点最为广泛的专业之一，人才培养目标和方向是专业人才培养首先必须解决的问题，也是相关专家和学者颇有争议的内容，这一方面反映了电子商务行业的发展多样性对人才需求的变化，另一方面也突出体现了不同时期不同院校的办学特色。

一、电子商务专业方向

专业人才培养的发展方向必须与行业发展相适应，只有适应行业人才需求的人才培养才是有效的人才培养。

（一）电子商务专业人才培养服务主方向仍然集中在网络零售

网络购物对经济的贡献越来越大，成为目前零售的主流渠道。网络购物行业发展日益成熟，各家网络购物企业一方面不断扩充品类、优化物流及售后服务，另一方面把触角向跨境网络购物和农村电商两个方向延伸，跨境网络购物成为进出口贸易的新增长方式，农村电商与国家扶贫攻坚战略紧密结合。

适应网络零售的新发展和新变化，电子商务专业呈现多样化、地区性、特色化发展的局面，“一带一路”倡议沿线地区、自由贸易区经济、农村电商特色性发展等成为各地高校电子商务专业的人才培养方向制定的依据。

（二）移动电商、跨境电商和供应链电商成为电子商务人才培养的新方向

移动电商人才需求将不断地扩大。用户消费习惯的转移导致各企业在移动端持续发力，从而带动移动端渗透率不断上升，办公室和台式机端网络购物不断被多

样化、移动终端、碎片化时间空间网络购物场景所替代。电子商务专业适应用户购物习惯的变化需要重新设计课程构建，重新设计项目案例教学，将更多的课时和实训环境转向移动端。

全球经济持续低迷，国际贸易总额不断下行。未来，随着国际经济形势的变化，以及国内经济结构性调整的进一步加深，我国进出口贸易走向稳定并将有所增长，进口贸易中的电商渗透率也将持续增长。适应跨境电商发展的新形势和“一带一路”倡议的发展需要，相关地区的高等职业院校必须适应跨境电子商务重点是跨境网络购物发展的人才需求。

（三）B2B 电子商务的人才服务需要受到重视

B2B 电子商务是电子商务交易的主要力量，但是，随着电商平台和网络零售模式的兴起，电子商务逐渐与网络零售相等同，电子商务 = 互联网 + 商业零售，电子商务模式只是在 N2C（N 是各种零售商）之间转换，B2B 电子商务在电子商务教育中趋于消亡。在电子商务教育发展的第一阶段，很多学校在制定人才培养方案中，均将中小企业电子商务放在重要位置，因为 B2B 电子商务的特殊性和人才需求量相对较小；在第二阶段，B2B 电子商务在专业设置和人才培养目标中已经少有涉及。

第四次工业革命的浪潮正在到来，各个国家都制定了自己的战略目标。人工智能、工业物联网、智慧制造、5G 技术使供应链变成信息链数据链，零售端对前端的影响越来越直接。近年来，随着中国经济转型，中国制造向中国创造发展，供给侧结构性改革不断推进，中国 PPI 指数持续走低，工业经济不景气，产品竞争力弱，制造成本、物流成本居高不下，B2B 电商能够明显减少流通环节，缩短产品供应链，大幅提高交易效率，网上招标采购平台明显降低了采购成本，越来越多的工业企业把发展 B2B 电商当成转型升级的希望。

互联网普及为中小企业 B2B 电子商务发展提供了基本条件。截至 2015 年底，互联网办公在中国企业的普及率达到 90 %，互联网应用基础已经基本夯实，移动互联网让“事多人少”的中小企业能够以极低的成本做到时刻在线,使其交易的广度、宽度、深度都发生着巨量的变化。一方面,互联网技术成熟,费用下降,利用互联网开展企业宣传的模式为广大中小企业接受;另一方面,绝大多数企业利用互联网的形式还停留在收发邮件、获取或展示信息,直接用于构建供应链和各种工作流程及业务交易的较少,说明中小企业电子商务具有很大的发展空间。

云计算、大数据发展为 B2B 电子商务提供了技术支持。随着云计算和大数据技术的日益成熟和应用普及,B2B 电子商务的技术瓶颈得到破除。运用计算机商务数据分析技术,一方面精准分析市场需求,提高企业决策的科学性,从而提高市场交易的质量和效率;另一方面,大数据及分析工具和手段的应用,B2B 电商生态链形成,相关数据共享机制建立,银行等相关金融机构以此为企业融资的重要信用凭证。

高等职业院校在制定专业发展规划和专业人才培养方案时需要认真研究 B2B 电子商务的人才需求,为 B2B 电子商务设计专业、设计课程,尤其是那些以制造业为主的地区和城市,要将下一步电子商务人才培养的主要方向放在 B2B 电子商务上。

(四)人才培养方案从通才型人才培养向专业型人才培养发展

所谓通才型人才培养,就是培养满足电子商务行业各个岗位不同要求的知识技能全面的人才,专业型人才培养是根据地区、行业的不同特点,有针对性地培养某一类或重要岗位的专业技能型人才。

随着电子商务行业的不断发展,行业规模不断扩大,专业分工不断细化,岗位设置日益向专业化、专门化方向发展。与之相适应的是电子商务专业向专业类发展,在原有电子商务专业的基础上,发展移动电商、跨境电商、商务数据分析、电商美工、网络营销、电商运营等特色型专业和电子商务物流等综合型跨界专业。目前已经列入专业目录的是电子商务、移动商务、网络营销、商务数据分析与应用等四个专业,在信息技术类中还设置了电子商务技术专业,把电子商务信息技术单独设置成专业，有利于明确专业方向和人才服务岗位、专业技能设计。未来几年，各高等职业院校的电子商务专业规模稳中有降，重点放在电子商务新方向、新门类和特色型人才培养，原来只能作为专业方向的特色设计可以进一步明确为新的专业设置，为电子商务类专业发展打开空间和通道。

二、电子商务人才培养的目标

（一）政府对电子商务人才培养目标的确立

人才培养目标是指教育目的在各类学校的具体化。它是由特定社会领域和特定社会层次的需要所决定的，也随着受教育对象所处的学校类型、级别而变化。在社会发展的过程中，社会对人才产生了需求，而学校教育无疑是满足各行各业、各个社会层次人才需求的主要场所。为了培养合格的人才，完成人才培育的任务，政府作为教育行业的指导者，自然要针对社会人才需求情况以及学校发展情况制定人才培养的目标，以此指导学校教育。

（二）学校对电子商务人才培养目标的确立

在政府确立的人才培养目标的基础上，各校结合市场发展现状以及学校自身发展情况，制定更为详细的人才培养目标。本书总结了一份具有普适性的电子商务人才培养目标，具体内容如下。

1. 电子商务人才培养的总体目标

通过开展电子商务教学，培养学生进入电子商务相关行业所必需的专业技能及知识素养，使学生掌握以电子交易平台和电子数据交换为基础的电子商务原理与实务，具有网络营销及其他电子商务活动的策划与管理能力，能进行电子商务交易、电子商务平台运营与维护、互联网领域市场分析与营销策划、网页制作、网站管理等相关工作，最终成为电子商务高素质技能型人才。

2. 电子商务人才培养的知识结构目标

（1）了解电子商务行业守则及知识产权、《中华人民共和国劳动法》等知识。

（2）了解电子商务应用方案，理解流通领域中互联网在商流、物流、信息流、资金流各环节的应用。

（3）具备基本的经济学及管理学知识，掌握经济学原理、战略管理、人力资源管理等知识。

（4）掌握计算机应用及网络基础知识，掌握计算机硬件、操作系统知识，熟练操作常用软件，能较好地运用计算机网络技术。

（5）掌握互联网浏览器使用方法及互联网应用的基本知识。

（6）掌握市场营销的基本原理，理解网络营销与传统营销的关系，能在互联网环境下熟练使用网络营销工具进行有效的网络营销活动。

（7）掌握常用的网络信息调研方法，能利用互联网及其他网络检索、整理、储存有用的信息。

（8）掌握生产与流通环节的物流基本知识，了解物流管理的基本要素及物流信息技术，能处理相关的物流操作，并在电子商务配送过程中对相关知识加以应用。

（9）了解进出口业务各环节和交易程序，熟悉与国际贸易业务相关的商检、报关、海运、保险、结算、索赔、仲裁等程序和处理技术。

（10）了解电子交易中相关支付环节与网络金融工具，熟悉常用的电子支付工具，熟悉基本的电子支付流程。

（11）了解电子交易中有关安全事项、应注意的问题与常见安全隐患的防范措施，掌握电子合同、数字证书等工具的操作使用方法。

（12）掌握基本的数据库应用、多媒体技术、互联网程序设计技术，并能将这些技术熟练应用于网站建设与电子商务应用中。

（13）掌握基本的美工、动画、广告设计知识，能将这些知识应用于网页设计过程中。

（14）通过国家职业技能鉴定，获得电子商务中级技术证书，并具有较高的电子商务专业英语水平。

（15）掌握一定的英语和计算机应用知识，通过高等学校英语应用能力考试和全国计算机应用水平考试并获得相应等级证书。

3. 电子商务人才培养的基本素质目标

（1）思想政治素养。关注学生的思想政治教育，培养学生的思想政治素养，使学生形成正确的政治认识，并建立正确的世界观、人生观和价值观。

（2）身心素养。身心素养包括身体素质和心理素养两个方面。身体素质是学生学习的基础，只有具备一个健康的身体，学生才能投入更多的精力到学习中。此外，只有保持适度的身体素质训练，才能保证学生身体的健康发展。因此，应该增强学生参与体育锻炼的积极性与自主性，促进他们身体素质的提升。心理素养对学生同样重要，除了对学生进行身体素质教育，还应加强对学生的心理素质教育，提高学生的心理素质，使学生具备较强的意志品质，并形成健康的个性与健全的人格。

（3）人文素养。人文素养指人的文化素质与修养，是社会个体在以“人”为中心的各种文化方面所表现出的素质与修养，即其在所拥有的文化基础上形成的先进的价值观及规范。从学生的长远发展来看，人文素养是支撑其发展的一个重要条件。从浅显的层面看，人文素养影响着学生的语言能力，而良好的语言能力是学生沟通与写作的基础，这在现代社会是不可或缺的能力。如果进一步剖析人文素养，学生的人文素养越高，其越能辨别社会和自我、他人和自我、物质和自我的关系，做到自我精神和认识的独立，从而不至于在五彩缤纷的物质世界中迷失自我。因此，在电子商务教育中，要注重学生人文素养教育，使学生既具备理性的电子商务知识，又具备感性的人文情怀，进而成为一个“完整的人”。

（4）职业素养。职业素质是从业者在一定生理和心理条件基础上，通过教育培训、职业实践、自我修炼等途径形成和发展起来的，在职业活动中起决定性作用的、内在的、相对稳定的基本品质。职业素养包括团结协作精神、敬业精神、创新精神、责任意识以及遵守行业规范的工作意识和行为意识等。

就个体的职业发展而言，很多企业在对人才进行考量时，常常将职业素养排在第一位，由此可见职业素养的重要性。虽然职业素养更多是通过个体的职业实践以及自我修炼得到提升的，但只要在教育中对学生进行积极的引导，就能够为学生职业素养的形成奠定一个良好的基础，从而使学生加强自我修炼，并在参与工作后更快地形成良好的职业素养。

三、电子商务人才培养的原则

（一）电子商务人才培养的一般性原则

1、循序渐进的原则

“十年树木，百年树人”，人才培养不可能一蹴而就，这是一个比较漫长的过程，要循序渐进，切忌操之过急，否则后果只能是“揠苗助长”。古今中外，但凡成才者，必然是脚踏实地、在专业领域潜心钻研之人，也必然是经历过长期磨炼的人。在电子商务人才培养的过程中，学校一定要坚持循序渐进的原则，依托切合实际的人才培养规划，一步一个脚印地促进学生成长和发展。

2. 理论与实践结合的原则

电子商务是门实践性较强的专业，理论知识是指导实践的基础，所以理论教学不可或缺，这一点毋庸置疑。如果忽视了实践性，只注重理论知识的教学，是无助于学生对知识的掌握和理解的，也无助于学生实践操作能力的提升。因此，在电子商务人才培养中，学校要秉承理论联系实践的原则，用理论教学奠定学生知识基础，用实践教学深化学生知识认知并提升学生的实操能力，从而将学生培养成一个理论知识与实践能力兼具的合格人才。

3. 以学生为主体的原则

以学生为主体的原则就是要树立“以学生为中心”的教育理念，在整个教学过程中贯彻“以人为本”的科学发展观。由“建构主义学习理论”可知，知识学习的过程是基于原有知识经验建构理解的过程。整个过程强调学生学习的主动性，而不是依靠教师的灌输。所有教学活动的开展要始终以学生为主体。电子商务人才培养的目的在于培养既掌握一定的理论知识，又能够将知识应用到实践操作中的人才。而传统以教师为主体的灌输式的教学方式显然不能满足这一要求，所以要充分发挥学生的积极性，让学生主动参与到对知识的探究中，从而建构属于自己的知识体系。另外，由于学生之间存在兴趣、性格、能力等方面的差异，所以教师还需要尊重学生的差异性，因材施教，这样才能真正体现以学生为主体的原则。

4. 可持续发展的原则

社会是在不断向前发展的，尤其是在这个知识爆炸的时代，社会发展的速度非常快，这也加快了知识更迭的速度。对于每个人来说，要想跟上社会时代发展的潮流，就必然要树立终身学习的理念，实现自身的可持续发展。电子商务人才的培养也是如此，教育工作者不能仅仅聚焦在学生对当前知识的学习和理解上，要有长远发展的眼光，秉承可持续发展的原则，培养学生终身学习的理念，让学生即便走出校园后，也依然能够保持一种学习的状态，不断学习，不断提升自我，实现自身的可持续发展。

（二）电子商务人才培养的专用性原则

1. 以综合素质为基础，提高学生职业能力

现代教育是“全人”的教育，强调学生德、智、体、美、劳的全面发展，而不是仅仅让学生掌握学科知识，掌握一门技能。对于职业学校来说，使学生掌握一门技能是主要的目的，旨在让学生毕业后能够依靠一技之长在社会上立足，但掌握技能绝不是全部的目的。的确，一个合格的人才不仅要具备专业的职业能力，还应该具备支撑其职业发展的其他素养，如上文提到的思想政治素养、人文素养、身心素养等。因此，电子商务人才的培养要以综合素养为基础，以职业能力为重心，使学生成长为综合性的适应社会发展需求的电子商务人才。

2. 以市场因素为指导，明确人才培养定位

市场与人才具有供需关系，只有市场有需要，人才才有用武之地，人才的培养也才更有意义。从前文对电子商务市场分析的内容来看，目前电子商务市场对人

才的需求量较大，这表明电子商务人才的培养具有较为广阔的市场。虽然从宏观上看电子商务市场整体的需求量很大，但如果我们对市场进一步细化就会发现市场对人才的需求也有侧重。通过全面、系统地分析当前的电子商务市场，学校可以进一步明确自身的人才培养定位，然后结合学校办学情况修改和完善课程体系，培养各行业和各企业发展需要的、能胜任相关职业岗位群工作的、技能型和应用型的电子商务初级专门人才。

3. 适应行业技术发展，体现教学内容的先进性

目前电子商务行业发展的速度非常快，为了适应电子商务行业这种快速发展的态势，电子商务专业要时刻且广泛关注本行业的新知识、新技术，了解电子商务可能的发展方向，并通过校企合作的方式，进一步明确学校在课程建设上存在的问题，从而及时更新课程设置与课程内容，避免教学出现内容陈旧、不能适应行业发展等情况。因此，学校在遵守“适应市场”原则的基础上，还应该同时坚持“超前市场”的原则，体现教学内容的先进性，使学生在掌握知识与技能的同时，还能够形成对电子商务市场的系统认知，从而使学生适应时代发展的需要。

第二节　电子商务专业实践及课程开发

一、电子商务专业实践项目及课程概述

岗位专业技能的培养，最直接的培养方式是实践项目，依据具体岗位的岗位职责和任职要求开发综合实践项目，再从综合实践项目逐级细分项目，从而完成对岗位专业技能的培养。

电子商务专业实践项目，按开发顺序可以分为以下 3 种类型。

（一）第一类：毕业综合实践项目

毕业综合实践项目是在学生进行顶岗实习阶段实施，直接与岗位相连的综合

性训练项目。

电子商务专业毕业综合实践主要分为两部分。一是能够在实际顶岗实习的过程中,针对具体企业的商贸模式,优化和设计基于电子商务的高技术商贸服务解决方案,并能够在企业实际经营中加以应用的项目。二是针对区域集群优势资源开展基于电子商务的创业创新实践项目。电子商务毕业综合实践项目,着眼于学生电子商务职业素养、职业道德,以及学生在复杂网络工作环境之下创新创业职业精神与能力的培养。因此,毕业综合实践课题的选择,应与电子商务专业和实践岗位相同或相贴近,要求完成与电子商务实践岗位相匹配的电子商务方案策划书、电子商务流程优化说明书等技术应用设计方案,其成果应具有科学性、创新性、实用性。

(二)第二类:课程综合实践项目

课程综合实践项目是在毕业综合实践项目的基础上进行分解开发,是课程和课程专项实践项目的开发基础,是指学生完成一门课程或多门课程后能够从事的目标性综合实践项目,通过这些项目的训练,进一步提升学生的综合专业技能。

上述两类综合性的实践项目可以统称为专业综合实践项目。

(三)第三类:课程专项实践项目

课程专项实践项目也叫"课程单元模块实训项目",直接融入课程单元之中,是指学生在完成一个单元模块后能够从事的目标性单项实践项目。课程专项实践项目是构成课程的基础,课程是在课程专项实践项目的基础上按学期教学特点进行组合而成,再配以每个专项实践项目所涉及的理论知识。

二、电子商务专业实践项目及课程开发总体思路

电子商务专业实践项目与课程的开发思路,是结合专业特点而制定的,主要表现在以下几个方面。

(一)开放性、共享性

电子商务是建立在互联网上的专业,具有网络所具备的开放、共享等先天优势,既表现为实践项目的共享性,也更进一步突破以学生为单一的学习者模式,让

项目式学习也能够适应毕业生、企业员工以及其他社会学习者的自主学习需要。

(二)以学习者为主体,架构知识、技能、实践项目递进式自主学习模式

以企业就业和自主创业为导向,开发学习者知识、技能及综合实践递进式的自主学习和教学模式。

(三)满足教师或企业开发系统性教学课程需要的模式

电子商务专业综合实践项目及课程开发的思路,是使整个教学开发模式不仅能满足教师开发课程、实践项目的需要,也能适合企业开发培训课程的需要。

三、电子商务专业毕业综合实践项目开发

(一)电子商务专业毕业综合实践项目及其开发

电子商务专业主要有以网络推广为核心的网络营销类岗位群、以运营为核心的网站网店运营类岗位群、以客服为核心的在线客服类岗位群、以网上创业为核心的综合类岗位群等 4 大类岗位群,网络营销、网络推广、网站运营、网站编辑、网站策划、网店运营、在线客服、电话营销、网店店长和网上创业 10 个核心岗位。开发毕业综合实践项目的第一步就是确定这些岗位的岗位职责。确定岗位职责的方法是利用人才网,将多个典型企业对同一岗位的岗位职责和任职要求中的专业技能进行综合,从而最终确定出这个岗位的岗位职责(岗位技能)。这将成为后续项目开发和课程开发的主要目的性依据。在此基础上,再开发完成与岗位相对应的毕业综合实践项目。每个电子商务专业毕业综合实践项目主要包括以下几方面的内容:

一是熟悉实习岗位工作业务流程;

二是根据实习岗位实践,发现工作业务流程问题;

三是根据问题设计或优化合适的问题解决方案;

四是实施设计方案,并评估实施成效;

五是完成实践总结报告和技术应用性成果。

（二）电子商务专业毕业综合实践项目评价

毕业综合实践项目评价由实践过程考核、项目实践（策划书或方案或说明书）成效考核、人力评价考核3部分组成，毕业综合实践项目总成绩＝实践过程成绩（20％）＋项目实践成绩（60％）（网络评价方式为主）＋人力评价（20％）。其中，实践过程成绩由学生所在单位指导老师根据学生的实践表现和应职应岗创新创业能力评定，用于教学，实习结束由实习单位签署意见，并加盖公章。学校派出的巡视指导老师在对实习学生进行业务指导的同时，要对学生的实习情况进行考核，并写出巡视报告。

第三节　电子商务专业教学模式建议

一、基于校企合作工作室的电子商务专业“项目式”教学模式

（一）校企合作工作室的“项目式”教学模式运行机制

依据电子商务专业的学科特点及人才培养体系建设需要，学校与企业共同创建工作室，进行企业真实项目的实施运行。工作室的项目主要有两大类，一类是以学生为主体的工作室，即教学类工作室。该类工作室的项目是依据专业人才培养方案，按照专业培养目标，结合行业人才需求，为学生选择合适的企业项目，将项目嵌入实践课程中。其中项目主要来自企业真实项目，为企业解决实际问题，此类工作室以学生为主体，学校教师和企业导师组成“双导师”，在实施过程中给予必要的辅导，全程的实施运行均由学生团队完成。另一类工作室主要是以教师为主体的工作室，即教研工作室。该工作室的项目主要来自科研院所或企业，由实践型及产学型教师组成教师团队，在工作室对承接的项目及课题进行孵化、研究，如新技术研发及实验、技术革新、市场需求预测分析以及管理咨询服务等。同时承接政府及企业的培训项目，如对当地乡镇进行技能培训、为企业新入职人员进行职业素养

培训等,更好地为社会及产业发展提供专业服务。其中教研工作室孵化的部分项目,还可以转化成为教学案例,反哺教学,形成良性互动。

当然,要想校企合作能够长远发展,必须要配套合理有效的激励机制以及评价和反馈机制。在社会发展的过程中,高校和企业由于主体定位不同,其根本任务也有所不同,前者追求社会价值,强调社会服务与价值创造;而后者追求经济价值,追逐资本累积。二者在合作的过程中存在利益分配的矛盾,需要政府从宏观层面进行调控,建立系统的法律法规和激励机制,保障双方的权益,激励社会各责任主体积极参与到产教融合中。同时,还要开展产教融合效能评价,健全统计评价体系,强化检监测评价结果运用,以最大化地鼓励学校和企业在产教融合工作上的积极性。

(二)创建校企合作工作室

要真正地实现实践课程内容对接行业企业一线,提升学生的实践及创新能力,改革实践课程教学模式是关键突破口。

1. 现有实践课程存在问题

(1)教学模式问题。电子商务专业原有的课程体系采用的是"理论课程+实训课程"的模式,理论课程由教师在课堂上先完成讲授,再让学生在实训课程的模拟平台上完成实训,这种模式有较多的弊端,一方面,学生在学习完理论课程后才开始实训课程的内容,在时间安排上不能做到边学边练边应用,欠缺知识关联性,很难达到实践的效果。另一方面,实训课程中使用的模拟平台,操作步骤简单机械,实践内容陈旧,与行业现实情况严重脱节,学生的重视程度和学习积极性不高,根本达不到实训的目标。

(2)实践课程体系问题。原有的实践课程体系主要是依据学科完整度进行设置,特色不鲜明,重点不突出,虽然看起来面面俱到,但缺少层次性,教学目标不明确。实践课程未与理论课程形成有效的整体联动,且未充分考虑社会需求,脱离了行业、企业实际需要,学生的实践能力难以得到提升,实践需求难以满足,人才培养与社会人才需求脱节。

（3）实践教师队伍问题。目前电子商务专业大多数教师缺少企业工作经历，即使个别教师有短暂的挂职经历，面对电商行业瞬息万变、知识更替迅速的局面，其作用也是杯水车薪。同时，“双师型”教师数量较少，虽然有丰富的教学经验和较高的教学科研水平，但由于欠缺企业工作经验，缺少解决企业难题的实战经验，在专业实践教学方面难以给予学生最佳的指导。

2. “项目式”教学模式运行

针对目前电子商务专业实践课程存在的问题，构建了校企联合工作室开展实践课程，实践课程的实施不再依赖模拟平台，而是进行真实项目实战，在时间安排上也与理论课程并行进行，避免了理论与实践脱节情况的发生。首先为学生创造尽可能接近现实的工作场景——工作室，工作室的项目由学校专业团队依据专业人才培养目标，从适时性、专业结合度、工作量以及难易程度方面进行项目的甄选，为学生选择适合实战的项目，再由学生团队进行项目的实施，学生团队主要是由大学二年级及以上的学生组成，在尊重学生专业兴趣方向的前提下，通过选拔，组成工作室项目学生团队，根据项目工作量进行项目划分，划分为若干子项目，每个子项目由 5 人一组的学生团队负责完成，每个项目均由 1 名有项目经验的高年级学生负责控制整个项目的实施进度及各子项目的运行监管。整个项目的实施以学生团队为主体，学校教师及企业导师进行必要的过程辅导，项目交付后，其最终项目成果要经过学校、企业、科研院所等对项目进行多层次多维度的评价及考核。学生可根据完成情况取得相应学分，部分项目还可转化成竞赛作品，参加专业学科竞赛。

3. 校企合作工作室的运行模式

在校企联合共建的工作室运行过程中，学校和企业均担任不同的角色。学校主要提供工作室、实践设备、实践教学师资团队及学生团队，负责对工作室项目的甄选、项目的实施运行、技术指导、科研成果转化、社会服务等。企业主要派出项目管理团队及企业导师团队，负责对工作室项目的引入、项目解读、制定项目质量标准以及过程提供指导，最终进行项目的验收及评价。

（三）工作室运行成效

1. 实践教学深度融合行业发展

工作室制的“项目式”教学模式可以为学生打造真实的工作情景，并能够让学生在项目的实施过程中做到“做学合一”，它给每一个学生提供表现自己全部体力及脑力能力和自我发展的机会，是学生本质力量外化与不断内化形成新的品质的双向生成过程。学校通过深度的校企合作，可以充分有效地整合行业优质企业资源，实时洞悉行业发展需求及发展方向，掌握最新的行业人才需求，提高教学质量及就业质量。与此同时，与行业企业专家通过工作室这个平台，共同进行技术革新和技术研发，有效缩短了科技向生产力转化的周期，同时还可以为政府和企业提供教育类培训，做好社会服务。

2. 校企合作实现“双赢”

校企合作工作室运行过程中，学校通过将企业真实项目嵌入实践课程中，重构了实践教学体系，在教学质量、就业质量等方面都有了本质的提升。企业在合作过程中可以通过“项目式”工作室的运行，全程观察每位学生在项目中的表现，为其选择及培育优秀的人才，同时享受项目运行后的项目成果，将其推广应用，创造经济价值。工作室成了校企联合培养优秀人才、技术与服务支持的区域性培训场所。

3. 促进“双师型”教师培养

随着互联网的发展，科技信息更替迅速，尤其在电子商务行业，商业模式需要不断创新，才能跟上时代发展的步伐。互联网改变了学生的学习方式，教师也应当与时俱进，创新教学方法，创设不同的学习情景，培养学生跨学科的综合学习能力。工作室模式教学对教师提出了更高的要求，工作室执行“流动导师制”，进入工作室工作的教师需要不断地学习，掌握行业发展前沿，知识更新要能紧跟行业发展，在与企业导师协作的真实项目中提升自己的实践技能，丰富自己的项目实战经验，提高自己的科技研发能力，促进自身的成长及发展，成为合格的“双师型”教师。

4. 打造卓越学生团队

在人才培养过程中，始终坚持以学生为中心，充分考虑学生的个体差异及需求，通过工作室真实项目的实施，发挥每位学生的主体性，为学生打造真实工作场景、工作内容，按照企业工作质量标准要求项目的整体实施过程，实现学生最大化、最优化发展。引导学生在丰富的知识环境中主动介入、研究和发现，学会利用技术手段简化创新过程，并通过技术表现多样化成果，让创意得到分享和传播，提升学生的实践能力，激发学生的创新能力。真正实现从教师的“教”向学生的“学”的转变。在项目实施过程中，学生根据自身特长及兴趣组成项目团队，分工合作，在合作的过程中学会倾听和思考，碰撞观点，取长补短，互相信任和支持，在导师的引导下，做出合理的决策。通过项目团队成员在每个项目中不断地磨合和训练，“以老带新”，逐步打造卓越的学生团队。

二、电子商务专业生产型教学模式

生产型教学模式是强化专业实践的一种有效手段，既能让专业训练得以在真实环境中进行，又能切实让学生感受岗位环境。针对生产型教学，其定义较为统一，一般认为，以项目形式呈现生产或工作任务，通过营造企业生产或工作环境，按照生产或工作过程组织教学，实现“生产型”教学方式。其关键有两点：一是有真实项目在运作，这需要与企业进行深入合作，将企业项目纳入教学体系，进入教学运行；二是核心在教学，专业课程体系根据项目实施进行重构，课题内容充分结合项目运行，以此满足保证教学质量这一核心要求。在不断实践和研究后发现，组织和实施是这种教学模式运行的重点和难点。

（一）实施生产型教学模式的意义

实施生产型教学能有效提升电子商务专业培养学生的质量，极大改善课堂教学氛围，增强学生学习兴趣，在专业实践层面能够充分对接岗位职业能力需求。

1. 实施生产型教学符合高等教育的本质特征

高等教育以培养高素质、高技能人才为目标，高素质是塑造魂，高技能是培养能，两者缺一不可，只有培养出符合两方面要求的合格人才方能有效服务地方经济发展，这也是国家对高等教育的要求，而实施生产型教学正是培养高素质、高技能人才的有效手段，让高素质与高技能人才培养不是“两张皮”，而是培养出一个有灵魂、有创造力的实实在在的人。

2. 实施生产型教学能让学生全方位提升

实施生产型教学能将复杂的理论知识理解转化为实际行动，再以项目或任务赋予实际意义，学生学习的兴趣将极大提高，有助于实践教学的开展和技能的掌握。同时，岗位形式的实践角色定义，对全方面培养学生综合素质、职业道德操守、岗位规范、价值观念等均有直接的意义。

（二）电子商务专业实施生产型教学模式的优势

电子商务专业实施生产型教学模式有其独特的优势和特点，从专业培养角度来看，其专业培养主要体现在电商运营角度。而电商运营是以网站（店）为基础的，如果将其纳入项目运行，在实施生产型教学上有其独有的优势，表现在以下几个方面。

1. 实施生产型教学门槛低

一是电子商务项目实施可以与企业经营分离而使其不受影响，企业项目完全可以放入学校运行；二是对设施设备要求低，主要设备是电脑、新媒体推广设备、软件；三是项目实施过程方便，通过网络可以完成所有工作，物流环节在企业运行。综合来看，电子商务专业实施生产型教学对软硬件设备要求较低，易实施。

2. 课程与项目高度融合

电子商务专业人才培养方案要求学生系统掌握电商运营内容，在电商运营中涉及店铺运营、产品运营、流量运营，运行的项目或任务自成流程，与教学要求结合紧密，一一对应，从而实现实践即生产、生产即实践。

3. 工作过程相对容易且单一

电子商务生产型教学的实施过程中需要完成工作任务，相对其他类型的工作任务容易且单一，不管是运营推广、客服接待过程，还是订单处理，以及其他工作内容，技术难度系数低，工作任务极易高质量完成。

（三）电子商务专业实施生产型教学模式的原则

实施生产型教学不是一个模型，不是一套理论，而是需要面对各方面的问题，要贴合实际，因地制宜，才能保障实施效果和质量，这要基于一定的原则和要求，否则方向会偏、路径会错。主要遵循的原则表现为以下三个方面：一是以教学为中心。实施生产型教学一定是以教学为中心的，不管是课程内容、教学方法、教学设计，还是项目运行，都应该围绕教学这一中心进行；二是以学生为核心。学生是教学和项目运行的核心，是实施者、受益者，也是学校和企业未来的希望，一切都应围绕着培养学生来进行；三是以学校为主体。这是一个主动权问题，只有主体是学校，才能有效保障学生的各方面利益，才能更好地保护学生，才能高质量实施生产型教学。

（四）电子商务专业实施生产型教学模式的对策

基于上述分析，为有效提升电子商务专业实施生产型教学质量，保障工作开展，本文将针对性地提出相应对策，以完善生产型教学实施过程。

1. 完善人才培养方案

本书研究的对象是基于电子商务专业，而不是某一门课程，所以要系统完善电子商务专业人才培养方案，以培养目标为准绳，充分调研企业项目情况，在人才培养模式和课程体系设置等方面加以修改，使人才培养方案既符合国家政策，又能充分支撑生产型教学的实施，从根本上保障实施效果。

2. 科学制定课程大纲

结合项目和项目运行细节科学制定课程大纲，特别是课程内容设置和实践项目选择等方面要积极考虑到企业项目的运行流程。同时对课时安排、教学方法、上课形式等多个细节层面要进行细化思考，再提交企业方进行商讨，共同确立课程大纲。

3. 慎重选择校企合作企业

有志同道合的合作伙伴是生产型教学实施的有效保障。要从几个方面予以思考：一是数量，要保障一个专业所有同学的教学，项目要够多够好，需要两到四家企业才能有效支撑，每家企业选择一到两个项目进入学校，因为企业还要运行，不可能将项目全部放入学校。二是规模，企业规模不一定要太大，主要是要有教育情怀，太大的企业运作机制灵活度不够，但也不能太小，太小的企业未来人才需求不够多，选择这种合作方式的出发点就有问题。三是要有一定的人才支撑生产型教学，因为生产型教学需要有企业教师指导引领学生完成教学实践和项目运行。四是企业意愿，企业意志特别是企业高层意志直接决定合作能否开展。

4. 加强师资队伍建设

生产型教学对师资队伍的要求远远高于普通教学的师资要求，要从专任教师和企业老师两方面加以培养，形成长效的培养机制，提升整体教学团队水平。一是让专任教师全程参与，甚至承担项目内的工作，提升专业水平。二是积极开展专任教师生产型教学相关研究。三是“走出去”，学习兄弟院校或企业的工作经验。四是将企业老师纳入正常教学管理，共同开展教研活动，相互探讨，同时形成互听互评的常态听课制度，促进生产型教学师资队伍建设。

5. 突出学生管理

生产型教学多数体现在实践教学，加强对学生实践过程的管理显得尤为重要，在实践教学的完成、项目工作的完成、时间控制等方面需要校企双方共同合作。同时需要加强学生思想教育，特别是爱岗敬业、职业操守、劳动光荣等方面的教育。课余时间，要从制度上予以规定，遵从自愿原则，重在引导，这也是对课题实践教学的补充。另外，在学校层面和企业方面也要加强人文关怀，关注学生的成长、学习生活，人性化管理，体现感恩教育。

6. 做好质量控制

在学生层面，要做好学生实践教学过程质量控制，从项目流程各环节入手，具体工作执行不同指标，这既符合实践教学的要求又符合项目运行的需要。同时，做好目标导向性考核，以生产效果作为终结性考核。在教师层面，要做好教学质量控制，把教学过程和教学考核相结合，让同行和学生等从多方面进行评价。在教学管理层面，做好教学运行、教学监督等方面的考核。全方位、多角度对生产型教学进行严格把控，确保方向和质量。

三、大数据背景下电子商务教学模式探讨

在教学领域中，在线教育得到了广泛的推广与应用，其中产生了包含大量信息的数据库，且隐藏着巨大的经济效益。大数据时代的到来，为电子商务专业提供了便利的教学条件，而随着数据库的不断更新，电子商务教学也需随之改革。传统的电子商务教学模式，以讲解理论知识为教学重点，和实际大数据运营所提出的要求相差甚远，这样就很难促进电子商务行业的进一步发展。因此，在大数据背景下，对电子商务教学作出优化改革，可发挥其教育价值，体现其存在意义。

（一）大数据对电子商务的影响

电子商务在不断发展，而人口红利却在减弱，获取流量的成本也在与日俱增，此时电子商务市场的竞争越来越激烈，随之也出现了一系列的市场发展问题，如商品同质化现象，作为商家想要获取经济效益，就不得不降低运营成本来取得流量。各种新型信息技术在激烈的竞争中出现，给降低运行成本提供了技术保障，尤其是大数据时代的到来，使电子商务行业迎来了春天，同时也需要面临更大的运营挑战。在此背景下，无论是企业还是个人都开始应用新型电子技术，如5G技术、电商直播、云计算、大数据等。这些技术可以使人们享受到便利的购物服务与网络应用体验，这一切的变化都会给电子商务行业带来重大影响。

（二）大数据背景下对电子商务教学的新要求

1. 对数据收集处理的新要求

在大数据背景下，数据信息量在急剧增长，这就需要使用容量较大的数据库进行信息收集和整理，而庞大的数据信息量已经远远超过原始数据库的承载能力，需

要构建新的信息系统。在数据处理过程中,对数据处理的要求也随着信息量的增大而提高,现在的计算能力已经越来越无法满足当今的信息量处理需求。另外,还需要对数据进行深入分析,但是从海量的信息中挖掘有用的信息犹如大海捞针,无形中增加了数据处理的难度。由此可知,大数据时代的到来给电子商务行业带来了极大的工作挑战。为了解决这一问题,在电子商务教学过程中就需要引入先进的教学理念和技术,如数据仓库、数据挖掘、OLAP 等先进技术,通过建立新的数据仓库来承载庞大的数据信息量,利用数据挖掘技术提高信息处理效率,借助 OLAP 技术对信息数据进行全方位的分析,从而保障电子商务行业的稳定发展。

2. 对人才专业技能的新要求

各大企业都有自己的数据库来收集信息数据,但是不能将收集的信息直接作为企业管理的依据,需要聘用技能水平较高的电子商务人才对收集的信息进行逐步分析和深度处理,这样才能提取出有价值的数据,以便用于后续的决策管理中。越来越多的电子商务企业已意识到这一情况,都在制订大数据的战略计划,通过不断引进新鲜血液来建立大数据研发队伍,以此来提高自身团队的技能水平。因此,仅靠收集大量的数据信息根本无法适应行业的发展,企业只有增强电子商务的核心竞争力、提高对数据信息的分析能力,才能立于行业不败之地。这就需要高校在电子商务教学中,采用有效的教学措施提高学生的分析能力和问题解决能力。

3. 对课程培养方式的新要求

面对庞大的数据信息量,如果电子商务行业不优化原来的平台构架,极有可能影响平台构架的稳定性,无法满足当今的信息数据处理需求,衍生出一系列的系统问题,进而降低平台操作的流畅性和用户使用平台的体验感。为了解决以上问题,需要实时监控平台的运行情况,对系统构架进行各项细节维护,并根据相应的问题制定有效的解决措施与方案。在此过程中应注重实际情况,避免生搬硬套理论而无法解决实际问题。从上述情况可知,大数据背景下,电子商务平台可能会发生各种突发性故障,这就要求电子商务教学注重实践教学,并将理论和实践相结合,提高学生的知识应用能力，以便在后续的岗位工作中能应对各种突发问题。

（三）大数据背景下电子商务教学模式的优化改革措施

1. 合理定位行业人才培养目标

在大数据背景下，各行各业对电子商务的要求越来越高。为了培养更多的电子商务人才，满足社会对电子商务人才的需求，就需要科学合理地定位电子商务专业人才培养目标。由于电子商务专业涉及的知识面比较广，教学内容比较复杂，教师不仅要制定出系统性的教学策略，还要保证教学过程的完整性与流畅性。同时，在实际教学中，还需要将不同类别的教学内容进行合理分类，并依据具体分类情况明确日后的人才培养方向。另外，教师需要结合电子商务行业的实际发展情况和学校的实际教学情况，做出准确有效的人才分析，不仅要满足电子商务行业对人才的需求，还要考虑学生的心理和学习需求，这样才能保证专业定位的准确性，在拓宽电子商务专业的教学体系的基础上，还能够培养出具有综合能力的电子商务人才。

2. 改革专业教学体系

若想满足电子商务行业的人才需求，不仅要对电子商务专业进行教学改革，还需要根据实际教学情况，建立科学合理的电子商务专业课程体系。在当前的电子商务专业教学过程中，经常会出现缺乏实践性教学的问题，虽然一些学校在尽力作出优化改革，但是效果并不理想。比如，安排教师参加各种电子商务实践活动培训，而培训时间过短，教师并不能在有限的时间内提高自身的实践技能，加之后续的培训力度不够，有可能只组织一次培训而后便不了了之，这种培训模式过于注重形式，并没有实质性的改革效果。社会市场在不断变化，电子商务也需要随之作出调整，随之变动的还有数据分析技术、数据挖掘技术、数据类型等，而教师所掌握的电子商务教学方式、实践案例、自身实践技能并不能满足当今社会发展的需求。为了解决这一教学问题，学校应和电子商务企业建立良好的沟通渠道，在加强二者合作的同时，也需要不断改革电子商务专业的教学框架体系，这样才能为电子商务行业培养出优秀的人才。与此同时，还可以邀请行业内的高端技术人才到校内授课，从而增强电子商务专业教学体系的完善性。

3. 增加实践教学占比

电子商务专业不仅具有较强的实践性，还具有应用性，只有学生将所学知识应用到实践中，才能达到“学有所得、学以致用”的教学目的，同时也可帮助学生深入理解知识，丰富其知识储备量。但是很多学校的实践课程在整体电子商务教学体系中只占据1/4的比例，这种比例严重不符合电子商务行业的人才需求，因此需及时进行调整，将比例提升至1/2，从而保证学生实践能力得到质的提升。实践环境可直接影响实践教学质量，为了实现预想的教学目标，可对实践教学环境作出有效的改善。比如，在校内创造模拟办公环境，优化计算机网络设备及系统，并营造出真实的工作环境供实践教学所用。在真实的环境下，学生的学习兴趣被激发，学习体验也会随之提升，便可轻松取得优质高效的实践教学效果。在采取校企合作教学模式时，学校可为企业提供理论扎实的人才，企业则可以提高学生的实践能力，二者的互相合作能够推动企业和学校的共同发展，同时也能有效培养学生的职业实践能力。在校企合作模式下，学校应建立完善的管理制度，并将制度落实在企业培训学生的过程中，不仅可以规范学生的行为，还能有效提高学生的整体素质。

4. 应用先进的教学手段

（1）线上线下相结合

在开展电子商务专业教学时，需借助先进的教学方式提高专业教学效率，如在线教育、智慧课堂等，这些在线教学方式极具便捷性和个性化特征，能够为电子商务教学模式指明未来的发展方向。在利用在线教学平台时，可利用其中的日志文件、课堂观察和问卷调查等功能了解学生的学习动态，这样教师就可以及时掌握学生的学习行为、学习活动、学习进程，促进教师与学生进行有效互动，再借助学习平台的数据编码、清洗、分析功能，对学生的学习状态进行有效分析，教师可将分析结果作为制定教学策略的依据，从而提高课堂教学的实效性。

（2）优化课程设置

在优化电子商务课程设置时，应将大数据发展情况作为优化依据，不断引入先进的智能化商务课程，以此来满足大数据发展需求。在此过程中，可添加数据仓库、数据挖掘、OLAP 等智能化课程，帮助学生学会利用数据仓库收集信息，引导其使用数据挖掘技术处理所收集的信息，并在 OLAP 技术的支持下合理分析数据，从而增强电子商务教学模式的智能化特点。在优化课程过程中，学生可了解到更多的智能化电子商务课程，不仅能提高其数据收集能力、处理能力和分析能力，还能开阔其视野，帮助其解决实际问题。

（3）调整课程内容

在课堂传授电子商务专业的基础知识时，还应引入电子商务行业的最新信息和技术，保证教学内容的实时性和新颖性。在大数据背景下，可将互联网技术作为教学基点，在教学内容中提出新的教学理念，并引入新的"互联网"教学思维，这样能够提高课程内容调整的合理性，为后续的教学活动奠定良好的基础。同时，通过引入最新的信息和技术，可保证学生了解最新的电子商务行业发展情况，使其对前沿问题进行深入研究，寻找解决问题的新思路，从而推动电子商务行业的进一步发展。

5. 提升教师实践技能

目前，电子商务教学存在的最大问题是过于重视知识理论，对实践教学有所忽视。造成这一情况的原因是教师的实践技能较低，无法向学生讲述较多的真实案例，也没有相应的能力带领学生进行实践探究。因此，教师需要提高对实践技能的重视度，积极参与各种实践技能培训活动。从学校方面来说，应发挥带领引导作用，组织各种实践技能培训讲座，并采取鼓励措施提高教师的参与度，同时还要提供各种实践锻炼机会，让教师和学生共同参与到实践锻炼中，不仅能加强师生之间的感情联络，还能促进师生共同探究、共同进步。对于教师来说，在丰富自身实战经验的同时，也能了解学生的实践情况，可为后续的实践教学提供参考依据，有效保证实践教学效果。

第四节 电子商务专业学生创业研究

一、“双创”背景下提升电子商务专业学生创新创业能力路径研究

近几年，我国在校生人数不断增加，站在“双创”的时代浪潮上，为更好地缓解就业压力，以创业带动就业，要求学生不断增强自身的创新能力和创业意识。

（一）提升学生创新创业能力的重要性

“大众创业、万众创新”对高校创新创业教育提出了新的要求，也指明了发展方向，高校要积极顺应“双创”的发展理念，积极支持大学生创新创业，推进我国高等教育长远发展，加大对高校学生创新创业教育是新时代人才培养的有益选择。伴随着高校办学理念的迭代升级，国内多所高校对教育理念进行了重新定位与更新，并且在教育机制上不断改进创新。但是在实际运行过程中也暴露出一些问题，这些问题严重影响了高校学生创新创业能力的培养，而只有切实改进、完善教学方式，才能有效地增强学校的教学水平，以此扩大创新创业对学生的影响力，不断深化高校的教育改革。

（二）“双创”背景下电子商务专业创新创业教育存在的问题

1. 学生缺乏创新创业意识

电子商务是一门需要不断更新变化、与时俱进的专业课程，特别是在数字经济时代背景下，“互联网 +”的行业快速发展，学习此专业的学生需具有更加敏捷的创业意识和不断开拓的创新思维。但是，目前在我国高校电子商务专业的课程体系中，并没有将创新创业教育进行有效融合，很多专业教师对大学生创新创业教育重视程度不高，只注重专业理论课程的讲授，并不能将学生的创业精神和创新意识在课程中予以渗透，使得很多高校学生没有就业危机意识，缺乏投入创新创业队伍中的积极性。以目前的行业发展情形来看，电子商务是适合且比较容易进行自主创业的专业，但是很多学生却缺乏创新创业意识，在各专业自主创业人数的统计调查

中发现，电子商务专业进行自主创业的人数比例并不是最高的。目前，从国家到省级关于创新创业类大赛非常多，但各高校学生报名参与度却不高，缺乏足够的创业热情。

2. 创新创业师资队伍实践经验不足

与传统专业课程不同，创新创业课程属于一门新兴学科，由于授课教师基本没有学习过创业专业，因此多数教师是从相关专业中选拔出来的。教师虽然拥有相对丰富的理论知识，但缺乏实践经验，对如何将电子商务专业与创新创业课程进行有效融合、当前电商市场发展情况、企业运营管理模式、电子商务专业就业需求等方面的内容缺乏了解和思考，授课内容仅限于参考书，内容过于空泛，创业指导缺乏针对性，对学生咨询的创业流程等问题解释不到位，导致学生对创业课程的学习积极性不高。

3. 创新创业实践未能与专业实践进行有机结合

目前，国内很多高校专门开设一处场地，供在校学生或毕业生进行自主创业，规划成为功能性强、配套设施完备的大学生创新创业园区。但是，高校缺乏相应的服务和运营管理机制，致使很多创业园区入驻企业不多，闲置率较高，学生在其中进行创客活动的频次有限，没有达到营造学生创新创业氛围的效果。同时，很多高校的电子商务实训基地主要培训学生的专业技能，申报很多创新创业的内容和电子商务的实践紧密度不高。在开展的各级各类创业大赛中，电子商务专业学生参与的创业项目创新性不够，没有进行深入的市场调研和可行性分析，缺乏实践基础，专业知识与创新意识结合度不高。

4. 其他影响创新创业能力提升的原因

部分高校对大学生创新创业能力培养重视程度不够，投入资金和人力成本不高，各项创业工作流于形式，没有全面统筹谋划，对学生创新创业教育培训方式较为单一，缺乏专业培训，很难实际指导学生的创新创业。此外，一些电子商务专业学生毕业后开始创业，但电商市场形势变化快，学生专业知识水平不足，抗压能力不强，无法应对创业带来的困难和挑战。

（三）提升电子商务专业学生创新创业能力方法路径

1. 增强学生创新创业意识

为更好地增强学生创新创业意识，在入学之初就应该有针对性地激发学生创新创业的热情，邀请已经成功创业的毕业生做经验分享，请知名企业家到校开展专题讲座，并将前沿的行业知识和实用的工作经验传授给学生，使学生接收到当前社会最新的发展信息，增强学生自信心。对于电子商务专业的学生，可以通过专业介绍、网店后台参观、实习学生返校分享经验等活动，引导学生增强对电子商务专业的学习兴趣，感受创新创业带来的收获。专业课教师要多了解本专业的实习及就业情况，积极鼓励学生在校期间开网店，这样既可以将专业知识得到实际运用，又可以体验在校期间获得收入的乐趣，对于经营能力强的学生应鼓励其继续走自主创业的道路。在顶岗实习阶段，鼓励学生近距离接触企业，感受职场的工作氛围，为日后的自主创业或就业打下良好的基础。此外，要充分发挥校内创业社团的引领作用，通过学生间的信息传递，吸引更多的学生加入创新创业的队伍中。

2. 构建创新创业教育教学体系

基于“双创”背景下，高校在教育教学过程中应将创新创业理念贯穿其中，构建完备的教学内容。首先，通过开设创业公共课，传授创业基础知识，灌输创新创业理念，激发学生对创新创业的热情。同时，开设与创新创业相关的公选课程，如创新思维训练、KAB 实操演练，在授课过程中融入电子商务专业创新创业成功案例。其次，创业授课教师每学期尽量选择固定的几个专业授课，便于把握专业的学习内容及实习就业情况，也可以将专业知识与创新创业教育更好地融入其中。最后，在学生实习就业时可以就大学生创业政策相关问题召开专题讲座，向学生介绍国家及学校对大学生创新创业的扶持政策，提高学生创新创业热情。目前国内各级各类创新创业大赛非常多，创业授课教师可以与电子商务专业课教师联合打造创业团队，鼓励学生积极参与，通过创业大赛提升大学生的综合素养，健全电商创新创业教育体系。

3. 搭建多维度的创新创业教育实践平台

为提高学生的创新创业能力,高校应搭建多维度的创新创业教育实践平台。首先,通过深化教育机制改革,构建“校企合作”模式,院校可以与电商企业合作,引企入校,既可以借助企业的项目资源,又可以借助企业的资金优势,打造复合型的创新创业人才。电商企业不仅可以为学生提供实习实训平台,还可以将企业项目引入校园,借助学校创业园的场地优势,指导电商专业的学生做项目,学生在得到真枪实战练习的同时还可以赚取生活费,既方便满足企业用人需求又使学生专业知识得到锻炼。同时,企业还可以将行业领域知名的专家、企业家请进校园,为学生做专场讲座,以此影响和带动学生创新创业。其次,要充分利用电商专业校内实习实训基地,开展形式多样、内容丰富的创新创业技能竞赛,以赛促学,以赛促教,赛学结合,不断创新。此外,应当鼓励项目成熟的创业团队入驻学校创业园,充分调动学生创新创业积极性,以此孵化出更多更优的企业。

4. 创新教育教学模式

高校以培养应用技能型人才为育人特色,提倡开放共享的教学实践模式,在创新创业教育课程的设置上同样应该遵循开放式、自主选择的教育教学模式,课程设计上应本着灵活多样的原则。比如,在电子商务专业授课过程中,以分组模式开展创业模拟训练,以一个 30 人的班级为例,将 5 人分一组可以分成 6 组。创业课程授课的整体内容应包含项目筹备到经营的完整营业周期,项目开始时每个小组要形成一份完整的商业计划书,对项目有一个宏观把控和思路梳理。网店从选品到运营再到管理全过程由小组同学共同商讨进行,教师只以指导者身份出现,不参与项目的经营。一个营业周期结束时各组学生要形成创业总结,将小组创业经历、创业收益、创业收获形成文字材料作为期末考核内容,并且在班级同学中做经验分享。对于一些创业成功的小组可以将团队项目继续延续下去,注册成立公司,真正将公司运营起来。

在日常教学工作中，创业教师可以充分利用现有的信息技术，深入挖掘慕课、微课中优秀的教学资源，将经典的创业案例、精彩的授课内容引入课堂，既可以丰富学生的学习经历，又可以拓宽学生学习的知识面。除此之外，高校应打造一支理论水平过硬、实践经验丰富的创新创业教师队伍，并邀请有电子商务实践经验的优秀人才加入，提升教师队伍的实践能力，以此达到丰富课堂内容、提高学生创新创业能力的良好效果。

二、电子商务专业“短视频＋直播”创业模式与路径研究

直播带货是近年来新兴起的一种以短视频平台为载体，以直播的方式进行货物促销的新型购物方式，在促进国民经济活跃方面发挥了十分重要的作用。在创业教育中，借鉴短视频与直播相结合的创业模式，结合实际需求确定具体的方式，常见的方式有电商直播带货、社群等模式，但是不管是哪种模式，都要有专业化的内容团队，以生产精准内容、长效运营内容、稳定商业变现路径等方式开展创业实践，才能促进创业成功概率的提升。

（一）“短视频＋直播”创业模式概述

近年来，随着互联网和智能手机的不断发展，尤其是随着5G技术的不断商用，使得“短视频＋直播”模式风靡全国，“短视频＋直播”模式在视觉上不仅有着强烈的引导力，而且还能强化与粉丝的交互，使得其给大众的日常生活、娱乐和消费购物的方式带来了深刻的变革。我国短视频用户量巨大，由于内容与社交两个维度的双重作用，不仅形成了巨大的优质流量，而且带来了大量的商业价值。这主要得益于这一模式不仅成本低，而且具有较大的受众基础，同时很多互联网企业也开始在短视频直播领域中涉足，其形成的一种集传播和消费以及生产和娱乐于一体的新型消费模式，重塑商业链条的同时优化了布局，也以一种全新的商业逻辑呈现在大众视野中，大学生在创业中需要抓住这一发展机遇。

（二）可行性研究

1. 兴趣爱好

5G 技术商用，网络流量成本下降，很多直播平台已经从传统的才艺直播向带货直播方向发展，成为受众日常进行信息交流以及闲暇娱乐的主要方式之一。很多学生不仅观看视频和直播，而且还可以拍摄短视频上传到短视频平台，发表自身感兴趣的内容，记录生活的点点滴滴，甚至以直播的方式开始创业，也可以发表自己的看法和进行网络社交。抖音短视频平台和微信等已成为装机的必备软件，所以学生对短视频平台有着良好的兴趣爱好，这就为"短视频 + 直播"创业模式的实施奠定了坚实的基础。

2. 准入运行

以短视频与直播相结合的模式进行创业时，由于准入门槛低、投入少，尤其是具有较强的可操作性，人们可以利用短视频 App 上传自己拍摄的短视频，也可以利用电脑剪辑和制作内容之后进行发布，所以越来越多的人参与到"短视频 + 直播"的创业之中。而这主要得益于这一模式不仅内容产出成本较低，而且传播速度快、传播范围广，有着良好的用户沉淀，但是目前的商业形态还没有完全发育良好，存在野蛮生长的趋势，需要引导学生朝着正能量和专业能力方向发展，有着较强的创新意识，注重产品内容质量的提升，切实借助自身的专业知识，正确看待各种商业创业模式下的怪象，才能更好地在创业中应对各种压力。此外，由于电子商务专业的学生有着较为系统的知识，所以创业成功的概率更大。

3. 大力支持

国家对创业提供了诸多的优惠政策，国家和政府的大力支持，使得学校和短视频平台在这方面的支持力度也在不断加大，越来越多的高校实训基地更加完善，同时，短视频平台对大学生创业有着更多的政策倾斜和支持，有的在技术、资金和工具上还有补贴，通过借助平台的大力支持和自身的实力，打造优质内容，有助于创业成功概率的提升。

（三）“短视频 + 直播”创业模式

1. 电商模式

这一模式主要是利用“短视频 + 直播”具有的以下优势：一是加大产品曝光力度，提升公众对产品的认知，有助于产品流量的增加；二是可以给客户带来沉浸式的购物体验；三是下单转化率方面的商业潜力巨大。这一模式的实施，主要是引导学生要提升自身对产品的认知力，基于独特的视角为消费者讲解和展示产品的特点与魅力所在，而且价格冰点是触发消费者下单购买的前提，因此需要采取合理定价的方式。主播与电商之间的结合，是目前大学生的主要创业方式，而学生存在资金短板和团队运营能力不足的短板。因此，教师在进行创业教育时，不能只是简单地给学生介绍电商模式的运营方式，而是要给学生讲解“短视频 + 直播 + 电商”的模式与传统电商模式之间的区别，尤其是“短视频 + 直播”模式属于初级发展阶段，需要教育学生秉承自身的初心，尤其是要秉承电子商务专业的初心，有着正确的三观，讲诚信、讲道德，在注重店铺宣传和展示的同时，还要保证自身产品的质量，在注重视频质量的同时还要注重视频内容的质量，要具有亲和力和亲民度，且结合自身的定位决定视频的定位，但是不能以低俗和搞怪来哗众取宠。毕竟“短视频 + 直播”需要长期的发展，必须从最初的定位和初心两个方面来发展。

2. 社群模式

学生创业发展时，采用此种模式主要是以社群运营者的角色来进行，在具体的发展进程中，首先就是要聚集成员，并通过与成员的活跃和互动，采取合理的运营模式，最终实现商业变现的过程。但是目前很多的网络主播都是自主策划，以草根主播为主，很少经过系统和专业的训练，为了达到良好的商业价值转换的效果，应在自身创业定位上科学确定，且主要是将兴趣作为导向来参与，秉承平和的心态，也就是创业是有风险的，不论成功与否，都是在自身的兴趣主导下，以自身的专业知识为支撑。因此，这一模式主要是适合兴趣类的社群运营，创作内容的领域定位在时尚、美妆、服装、音乐等领域的交流，将兴趣爱好和价值观相同的个体吸引并聚集起来建立自己的社群，才能更好地为社群成员服务，最终以服务获得效益。

（四）“短视频 + 直播”创业路径

1. 着力提升短视频内容团队的专业性

一个完整的“短视频 + 直播”团队，在短视频内容制作时，至少需要包含编导、摄影师、剪辑师、主播和演员。其中，对编导的要求是具有较强的内容策划和脚本创新能力。对摄影师的要求是具有较强的摄影技术和对镜头脚本语言的把握。而剪辑师则是对视频剪辑软件有着较高的实操能力，尤其是要擅长短视频配音、配乐、特效等基础性工作。而主播和演员则需要具有良好的形象，所拍摄的短视频要为后续的直播做铺垫和引流，在语言表达上做到专业，在粉丝互动时要真诚，在带货时要切实做好选品，并且团队需要具有较强的实力，才能以实实在在的实惠和诚信可靠的形象赢得粉丝的认可，尤其是在商业合作伙伴选择、商业变现等方面具有较强的专业性。

2. 着力提升短视频内容生产的精准性

在生产短视频内容时，常见的有垂直领域切入、个性化 IP 打造、创作系列化内容三个方面。垂直领域主要是以满足用户差异化和个性化需求为导向，在某一专业领域、细分赛道上进行垂直深耕，以便于在粉丝心中形成一种期待，有着良好的印象。而个性化 IP 打造主要是从多个视角提升自身的魅力，通过生活化的场景、特效的创意、魔性的音乐打造个人 IP。创作系列化，则是围绕一个主题创作系统化和规模化的内容，具体内容需要结合自身的主题定位有针对性地进行选择。

3. 着力提升内容运行的长效性与商业变现能力

一条短视频的质量并非代表所有的质量，而每条短视频都要保证高质量有很大的难度，而这又直接关乎商业变现能力，所以必须在短视频内容质量上严把质量关，同时要敏锐地抓住用户的需求，但是必须是正能量的，不能为了获取流量和博取眼球而没有任何原则和底线，这样才能从根本上确保内容运行的长效性。而除了短视频质量保障外，在直播过程中，也要成为粉丝的榜样和模范，不能为了商业变现而成为与自身定位不符的人设，这样才能不断地提升自身的商业能力，只有在不断赢得粉丝信任、市场认可、商家信赖的基础上，才能不断地拓展自身的用户，提高自身的商业变现能力。

三、自媒体背景下电子商务专业学生创业素养培养策略

自媒体，顾名思义就是以拥有方自身为主体的个人媒体，是指它的所有人利用现代化技术和手段向非大众群体传递非官方信息的一种模式。其主要包括现在非常流行的交友软件、贴吧等。这些平台为大众提供了展现自己的机会，使得我们的才艺和想法有了交流、展现的空间。现在，自媒体的发展已经脱离了交流的范围，成了一个以个人为中心的商业利益集体。

目前，自媒体活跃度非常高，不论是在哪个领域，都有发展的可能，作为职业院校电子商务专业的教师，我们应该结合时势发展，引领学生在专业基础上，发挥自身优势，利用自媒体发展趋势，在合法、合理范围内开展有意义的创业活动，甚至是创业实践，培养新时代下的综合型应用人才。

电子商务专业学生创业技能素养培养的建议如下。

（一）建立专业、科学的培养方案，使得学生具备基本能力

学校应该对此类问题充分重视，根据社会的发展、时代的进步、商业的发展规律，及时调整、修改学生的培养方案。例如，以下这几个方面在自媒体中有着举足轻重的地位：文案，学校可以提供在线文案、文案策划和写作课程；视频的制作、剪辑，学校可以提供视频编辑软件的使用课程；视觉营销、网页设计与制作等，通过视频、图片、动画等多媒体手段，培养学生在自媒体平台上展示相关内容的技巧，提高平台的黏性。无论是文案还是视频设计制作，都离不开创意、趣味性和可读性。因此，要求学生多关注生活中的一些细节，积累创作素材。

（二）学校培养一批具备教学能力的专业教师

专业老师必须积极投身于创业实践当中去，以自身为榜样，利用新兴媒体开展实践活动，以自身为榜样，言传身教，帮助学生开阔视野、积累经验，为以后的实践打下坚实的基础。

（三）营造新型创业教育素养技能培训新氛围

实践类的教育不能仅仅停留在课本上、教室里，应该走出教室。学校除了开设创业理论课程外，还要带领学生走出教室，进行创业实践，在实践中积累经验。例如，选择合适的企业把学生送去实习，实习的同时也是学习的过程。

（四）学校应该从各个方面给予支持和鼓励

作为学校，主要的目的是培养专业相关的优秀人才，所以应该给予学生大量支持，并鼓励他们大胆进行实践。学校应该从以下角度入手：成立创业导师小组，设立校园创业园，引导企业入校，营造适合学生学习创业的氛围。对于一些理论性不太强的课程，可以适当压缩课程，转为实践教育，在实践中学习。学校应该不定时举办一些比赛活动，促进教学、学习和改革。例如，组织一个小型的视频比赛，鼓励学生参加比赛，内容包括写作、平面设计和视频制作技巧。

（五）强化学生基础知识的掌握和运用

俗话说得好，万丈高楼平地起，没有扎实的专业基础，往往不会在实践中取得令人惊叹的成绩，学生的专业知识储备量决定了其上限。因此，在校期间，本着对学生负责的态度，我们应该着重于实践，让学生把课堂上学到的知识化为自己身体的一部分，从而提高学生的核心竞争力。目前高校的教学注重理论基础上的研究，较少关注学生实践技能的培养和学习，因此我们需要投入更多的精力去帮助学生多实践。只有实践，才能加强学生对自身掌握技能的熟练度。

（六）选定有特色、重要的项目作为必修课程

电子商务专业所涉及的领域和技能，要按照市场的需求定制。我们要把日常生活中需要的、实用的、通用的、能反映熟练程度的项目作为必修课程，加强培训。加强计算机应用的基本技能：基本文字输入输出能力、基本图像输入输出和处理能力、自动化办公软件和办公系统的使用能力、网页的制作和美化能力。还需要加强学生的人际交往能力、市场需求调查分析能力、电脑等的使用能力以及文案的制作能力。还需要加强实践能力：熟练掌握使用市场上常用的交易系统和软件、开设网上店铺的基本流程等。

（七）多元化探索、强化学生专业技能培养

电子商务这门专业，对学生的实践能力要求极强，对学生的培养也是着重于专业技能掌握水平和实际操作能力。因此，作为学生引路人，老师应该结合自身经验和市场需求，朝着多元化、专业化对学生进行培养，主要是对学生的专业技能进行全方面、深层次的强化，以便学生适应各个场景的实践活动。为此，我们还要让学生在专业实践中体会到、接触到、了解到电子商务的流程和操作，这个平台需要教育者来提供。除此之外，在学校内部，也可以组织相关的校园活动，鼓励学生积极参加，使学生在实践中强化自身、在实际操作中尽可能多地接触课本上没有的知识和技能，从实际操作中吸取经验，总结教训，通过不断的实践和进步，提高学生的实际操作能力。通过这个实践过程，学生的专业技能可以得到极大的加强。

（八）完善电子商务学生后备以及储备功能

目前，学校的电子商务课程、教学计划和教学目标基本上都是根据固定企业和用人单位的实际要求来安排的。如果企业突然改变就业标准或校企合作中断，势必影响学生的发展和就业。但如果学校能从多企业、多用人单位、多岗位、多角度培养学生，不仅能在多方面储备人才，还能有效解决学生可能面临的求职风险。我们可以借鉴大学公共课和专业课在教育教学这一点上的内容分类模式，列出电子商务教学中的一些常识，并将比较专业的内容分开。这样，后备人才的作用也就显现出来了。

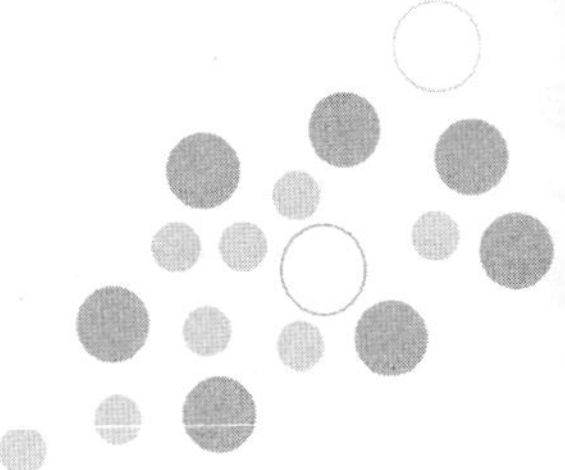

第三章　电子商务人才培养模式构建

第一节　电商人才培养模式建立基础

一、先进的教育思想和教育理念

以科学、协调、可持续发展的思路统领高校建设规划；以服务区域经济发展为宗旨，以提升学生就业创业能力为导向，贯彻“格物致用、立德固本、知行一体、敢为人先”的办学理念，积极探索高校的办学规律，在对接产业、服务产业、发展产业中创新人才培养模式，不断提升高校的核心竞争力；以顶层系统设计和完整体系改革建设为目标，高起点、高标准、高水平制订专业建设方案，构建原创性强、具有鲜明特色的高校人才培养模式。

二、人才培养教学改革

（一）专业建设模式改革

根据社会与区域经济发展需要和高校的办学优势，积极改造老专业，创办新专业，如会展设计、动漫设计、物联网应用专业。秉承专业开发与市场同步、专业改造与知识更新同步、专业设置与区域经济发展同步的原则，科学布局，及时调整专业结构，围绕市场开发专业，在开发中求新求变；根据需要设置专业，提高专业的适应性，积极探索“产业 + 企业 + 专业”的专业建设模式改革。

（二）人才培养模式改革

一是紧密结合地方支柱产业发展需求，调整和设置主体专业，形成以“经济管理”“财经”和“信息”类为主的专业群建设；二是以就业为导向，以制度创新为核心，改革人才培养方案；三是以资源保障为基础，以过程控制为重点，实施创新人才培养,努力构建“双证融通、情境教学、工学结合”的人才培养模式。

(三)课程体系改革

课程建设与改革是高等教育改革的重点和难点,也是高等教育的核心任务,课程体系改革以培养高素质技能型专门人才为根本任务,以适应社会需求为目标,以培养学生技术应用能力为主线。因此,应从专业所对应的职业岗位群出发,分析各岗位的工作过程,探讨专项能力,进行“双证融通、情境教学、工学结合”的模块化课程体系的构建。

(四)师资队伍建设

一是积极鼓励校内教师到企业参加实践锻炼,同时,高薪聘请有经验的企业人员到高校任教,特别是引进技术应用能力强、具有丰富经验和扎实理论功底的“双师型”人才充实优化教师队伍。二是认真贯彻执行高等学校教师培训上岗制度,对引进、聘用的教师及时进行岗前培训,认真落实高校教师资格证制度,明确规定教师必须取得高校教师资格证书后方能上岗。三是鼓励教师进行教学改革,申报国家、省级、院级基金项目,充分发挥教师“传帮带”作用。

(五)教学质量监控改革

教务部门既是教学管理机构,又是教学质量监控机构,但由于日常教学运行事务繁杂,难以全心投入教学质量监控工作,因此高校可组建教学质量监控督导组,以检查、反馈环节为主,专门负责教学质量监控;教务部门以计划、执行为主,专门负责教学运行管理,从而使教务处等教学运行管理部门便于开展工作,有更多的精力进行教学改革,又可实现对教学质量实时、有效的监控,确保教育教学质量的稳步提高;同时,教务处积极发挥学生作用,在每个班级指定学生担任班级信息员,对教师教学情况进行不定期的反馈。

第二节　电商人才培养模式构建原则

一、电商人才培养模式构建思路

（一）人才培养方案制订

根据基于工作过程构建的各专业模块化课程体系，按照顶层设计的基本职业素质模块、双证融通情境教学模块和职业定位顶岗实习模块，合理构建各类课程。注重学生的动手能力和操作能力培养，其目的主要是要适应市场对人才需求的变化。因此，高等教育改革的重点和难点在于要将以技能培养为核心的基本理念贯穿于人才培养的整个过程中。高校必须根据教学内容和学生所应掌握的专项能力，遵循职业能力成长规律，合理安排教学学期、学时及实施办法，形成科学的人才培养方案。

（二）人才培养各环节细化管理

按照人才培养方案的教学流程安排，对学生从入学到毕业各环节进行严格的细化管理。按照人才培养方案、基本职业素质课程、专业核心课程、职业定位顶岗实习课程、考核评价等方面实施细化管理。

（三）对人才培养方案实施严格监控

对制订的各专业人才培养方案的实施情况进行全方位的质量监控，确保各个环节的顺利实施。从人才培养的质量、学生毕业后的就业情况、用人单位对学生的评价等方面来检验人才培养方案的制订和实施效果，并在运行过程中不断丰富和完善。

二、电商人才培养模式具体构建原则

（一）开放性原则

开放性源于职业的多样性、多变性和复合性。高等教育的专业培养目标和培养规格及其对应的职业岗位的工作要求已大大超过单一学科的界限。因此，在制订专业人才培养方案时，必须依据企业的职业岗位（群）的实际需要，实施产学结合、工学交替、项目导向、任务驱动、半工半读和订单培养等教学模式，与企业共同开展职业岗位（群）调研，共同确定人才培养目标和培养规格，共同制订人才培养方案。

（二）系统性原则

制订人才培养方案涉及教育思想、教育理念、职业岗位（群）的职责与任务，履行职责必备的知识、能力和素质结构，课程体系，教学内容、方法、途径等诸多要素的影响，分析各要素功能、作用和要素之间的相关性，从构建高水平人才培养方案这一系统出发，通过分析、归纳、综合，求得“系统”状态最优、人才培养效果最好，这是制订人才培养方案追求的目标。在总结“双证融通、工学结合”人才培养模式，情境教学、顶岗就业实习等教学模式及相应教学管理制度，教学质量监控、评价、保障体系建设等方面的经验基础上，系统改革人才培养模式，课程体系，教学内容、方法和途径体系，已成为构建具有高校鲜明特色人才培养方案的关键。

（三）人本性原则

人本性原则是一种适合个体需求并强调人格发展定向的、对高等教育课程进行选择的、合理化与结构化的基本理论，它更多地把人本需求作为教育永恒的主题。高等教育是以人为本的教育，人才培养的落脚点最终要体现在学生的个性发展上。也就是说，人才培养要体现以人为本，注重学生的个性发展。因为学生的个性发展是人才培养的落脚点和最终目标。因此，高校在制订人才培养方案时要时刻注重人本性原则，不断创造条件为学生个性发展开拓广阔的空间。

（四）精细化原则

精细化管理的原则体现在人才培养方案制订的每一个环节，按照过程管理的思想：当把各种活动和活动有关的各种资源作为过程进行管理时，预期的结果将更有效率。围绕人才培养方案的制订，首先要明确管理体系要有哪些必需的过程，然后，建立这些必需的过程，明确过程与过程之间的相互关系和相互作用，管理这些过程，以便实现策划所确定的目标。同时，还要制定出对这些过程执行情况的评价体系，过程的有效性和效率可以通过内部或者外部对过程进行评审后做出评价。在过程的管理中，要明确各环节工作人员的职责，健全管理制度，将管理责任具体化、明确化。

（五）实践性原则

高等教育在人才培养上要大力推行工学结合，着重培养学生的实践能力。将学生的学习活动与来自职业岗位的具体工作任务或问题相结合，通过完成任务、解决问题来引发、维持和激发学生的学习动机和兴趣。从岗位需求出发，以工作任务来整合理论和实践，坚持“理实一体”“教学做合一”等教学方法，注重把握实践教学环节，增强学生适应企业实际工作环境和完成工作任务的能力。同时，针对目前国内高校在人才培养方案的制订大多停留在理念和顶层设计的层面，因此构建对学生专项能力形成的可操作的检测标准、方式和途径显得尤为重要。通过本方案的实施，期望能在人才培养方案制订、方案运行与细化管理等方面积累人才培养的经验。

第三节　电商人才培养模式构建内容

一、模块化课程体系建设

（一）专业市场调研

专业设置是学校教学工作的龙头，也是影响学校招生、就业最基本的因素之一。对高校专业设置问题的研究，既是一个高等教育学的基本理论问题，也是一个有助于学校专业定向的实践问题。专业是高校办学方向和特色的具体体现，专业设置是联系社会和学校的重要纽带，是构成高校核心竞争力的关键要素。因此，专业结构的调整和优化是事关高校生存与发展的大事，是提高教学质量和办学竞争力的有效途径。高校在进行专业结构的调整和优化时，应坚持“适应性、应用性、前瞻性、稳定性”的原则，以社会需求为导向进行专业建设和改革，发挥重点专业的示范作用，推进专业群发展，这就要求我们应深入地进行市场调研。

1. 专业市场调研的前期准备工作

（1）了解地区经济发展状况。

（2）了解各专业所属行业发展状况。

（3）了解各行业市场需求。

（4）了解各专业建设情况。

（5）了解各专业近三年毕业生的就业情况。

（6）了解各行业职业资格证书。

（7）了解其他高校相同（相近）专业设置情况。

（8）了解热门专业情况。

2. 市场需求调研步骤

（1）在调研前需要事先拟定的相关提纲和调查表

①《电子商务专业市场人才需求调研提纲》：其中要求必备的内容有地区经济发展状况、行业发展状况、行业市场需求、专业建设情况、毕业生就业情况、行业资格证书、拟调研单位，七项内容缺一不可。

②《××届电子商务专业毕业生跟踪调查表》：由学生处统一拟定，用于对高校往届毕业生的调查，内容侧重在知识和能力方面。此调查表可以在调研中应用，也可以在网络上跟踪调查。

③《电子商务专业企业人才需求调查表》：由系部自行拟定，适用于尚未有高校毕业生就业的企事业单位。

④《用人单位对电子商务专业毕业生评价调查表》：要求系部自行拟定，适用于有高校毕业生就业的企事业单位。

（2）调研总结

各系部在调研后要认真撰写《调研报告》，内容包括调研基本情况、毕业生走访信息反馈、调研单位信息反馈、毕业生在就业中存在的问题、调研成果（联系学生实习基地等）以及调研数据整理与统计工作。

（二）分析专业对接产业相应的工作领域与技术领域

分析专业对接产业相应的工作领域与技术领域，是制订人才培养方案、确定培养目标和培养规格的前提，意义重大。电子商务专业主要适应以下工作领域与技术领域（详见表 3-1）。

表 3-1　电子商务专业商务类对接产业相应的技术领域和工作领域一览表

岗位	技术领域	工作领域
网络编辑（以及网店运营中美工）	办公软件和 PhotoShop、Dreamweaver 等图文编辑软件熟练使用能力	新闻和产品信息采集与加工、信息编辑、信息发布、网页设计与制作工作
网站维护员	路由器和交换机与网线连接能力、获取和设置 IP 地址能力、病毒防护能力、数据库技术管理应用能力	网络配置、保持网络畅通、病毒防护、数据管理
网络营销员	熟练运用网络搜索引擎能力、网页设计使用更新能力、网络销售平台布局设计与优化能力	客户调研与信息整理、潜在客户信息收集与分析、沟通客户与交易磋商、商情分析、网上营销策划
网站推广员	运用网络在线信息检索工具能力、电子邮件和网络广告制作发布能力、网站交换链接能力、利用通用网址快捷访问方式的能力	运用各种在线工具进行网络推广
网络交易员	网络利用能力、交易磋商和达成交易能力、网上银行结算能力	电子交易与结算、行情分析、票据制作与管理
电子商务物流员	利用网络互联技术实现资金流、物流、信息流连接的能力；利用物流网络实现数字化配送作业能力	依据付款审核订单拣货、验货、包装、打单和发货；优化配送调度；动态库存管理
网络客服员	运用 Photoshop、Dreamweaver 能力；对网站广告审核、编辑、监控能力	接受客户咨询、投诉和建议；了解客户需求，提供解决方案；监控网络广告，维护形象

（三）分析专业对接产业必备的核心能力及相应的职业资格证书

“双证融通，情境教学，工学结合”人才培养模式必须了解清楚各专业在取得毕业证书的同时，可获得的职业资格证书，同时更要分析专业对接产业必备的核心能力，为科学设置课程体系、开发科目课程提供科学依据。电子商务专业情况详见表 3–2。

表 3–2　电子商务专业核心岗位资格证书一览表

岗位类型	核心能力	职业资格
网络维护与编辑类（交易前）	具备基本的网站规划组建技能。 具备基本的网络维护防护技能。 具备基本的网站策划、优化与管理技能。 具备基本的网络图文信息编辑发布技能	人社部颁发的网络管理员资格证。 人社部颁发的电子商务员、助理电子商务师、物流员、助理物流员（师）、外贸物流员（师）。 电子商务协会颁发的网络营销师、网络营销工程师
网络交易类（交易中）	网络信息检索分析技能。 商情分析利用技能。 营销策划与广告技能。 交易谈判磋商技能。 合同履行结算技能。 网络宣传推广技能	
网络物流客服类（交易后）	网络物流与资金信息流连接利用技能。 网络数字化优化配送作业技能。 动态库存管理技能。 客户咨询、投诉和建议正确处理技能。 了解客户需求和提出解决方案的技能	

（四）产业（行业）工作领域的岗位职责、任务及岗位典型工作过程设计

围绕产业，对各专业对接产业的工作领域的岗位职责、典型工作任务及岗位典型工作过程进行设计，为专业培养目标及规格的制定提供依据。

（五）确定专业培养目标及规格

明确专业培养目标、明确培养人才规格是发展高等教育、制定高校改革措施的前提之一。专业培养目标及规格是指各专业根据社会需要和专业特点而确定的对所培养的人才应达到的基本素质和业务规格的要求，明确专业培养目标及规格是高校制订专业人才培养方案的首要任务。

1. 电子商务专业培养目标

本专业培养拥护党的基本路线，适应生产、建设、服务、管理第一线需要，德、

智、体、美等方面全面发展，具有电子商务行业相应岗位必备的理论基础知识和专业知识，具有较强的网站建设、网页设计、销售推广、网络服务与管理等能力，具有良好的职业道德、创业精神和健康的体魄，能从事网站建设员、网站维护员、网络营销员及网络客服员等工作的高素质技能型专门人才。

2. 电子商务专业培养规格

（1）社会能力

①培养学生的沟通能力及团队协作精神。

②培养学生分析问题、解决问题的能力。

③培养学生劳动组织能力。

④培养学生勇于创新、敬业乐业的工作作风。

⑤培养学生吃苦耐劳和强烈的社会责任心和正义感。

⑥培养学生初步的管理能力和信息处理能力。

（2）方法能力

①职业生涯规划能力。

②独立学习能力。

③获取新知识和技能的能力。

④善于总结与应用实践经验的能力。

⑤决策能力。

（3）专业能力

①阅读一般性英语技术资料和简单口头交流的能力。

②计算机操作和应用能力。

③系统掌握电子商务方面的基本理论和基础知识，了解电子商务发展的动向，具有较强的专业素质和综合素质。

④具有网站设立与维护能力。

⑤具有网页设计与制作能力。

⑥具有网上谈判与签约能力。

⑦具有销售与推广能力。

⑧具有订单履行能力。

⑨具有网络支付与结算能力。

⑩具有物流配送能力。

⑪具有客户服务与管理能力。

（六）综合学历证书知识、技能、态度结构和职业资格证书应知、应会结构，确定模块化课程设置体系

“双证融通，情境教学，工学结合”人才培养模式，学历证书与职业资格证书并重，因此构建课程体系时，必须做到将学历证书知识、技能、态度结构和职业资格证书应知、应会结构相融合，构建科学的模块化课程体系。

二、教学方案制订

（一）分析专业职业发展历程，确定典型工作任务，设计学习领域

1. 探寻专业职业发展历程，确定典型工作任务

要确定各专业的典型工作任务，首先要了解各专业毕业生和在职人员所从事的具体工作任务以及他们的职业发展历程，以进一步明确各专业的培养目标及培养方向，从而确定典型工作任务。

职业发展历程是指按照不同的阶段、重要经历和重要变化对职业发展过程进行的描述（以下简称职业经历），最好按照时间顺序描述，这样能反映出从“初学者”到“专家”的职业发展过程。职业经历的调查可以通过两种方式进行，一是发放职业经历调查表，二是召开实践专家访谈会。

（1）职业经历调查表

要求被调查人员列举职业发展过程中最重要的阶段（最多 5 个），并为每一个阶段列举若干个具有代表性的任务实例。

（2）实践专家访谈会

实践专家访谈会（EXWOWO）是在 DACUM（Developing A Curriculum，教学计划开发）基础上发展形成的、通过分析典型工作任务进行的整体化职业分析方法。它与 DACUM 专家访谈会不同：实践专家访谈会不是寻找真实岗位任务要求，而是寻找实践专家在职业成长过程中经历的、工作过程完整的“典型工作任务”，它着眼于职业成长。它的步骤如下：

①介绍背景、目的、方法和基本指导思想。

②明确基本概念，如职业发展阶段等。

③个人职业历程简述：列举出从“初学者”到“专家”过程中的重要阶段（最多 5 个），每一个阶段举出 3 ~ 4 四个有代表性的任务。

④确定具有挑战性的工作任务。

⑤工作任务汇总。

⑥典型工作任务分析。

⑦结束。

通过发放职业经历调查表或召开实践专家访谈会，汇总各工作任务，从而选定有代表性的典型工作任务。

2. 设计学习领域课程

典型工作任务同时也构成高等教育的一个学习领域课程，每个职业通常有 10 ~ 20 个。学习领域课程构成表与教学模块化科目课程构成表见表 3–3 与表 3–4。设计一个职业的典型工作任务和以工作过程为导向的教学单元，它包括职业的典型工作任务、学习目标、学习与工作内容、学时要求、教学方法与组织形式说明、学业评价方式等。

表 3–3　电子商务专业学习领域课程构成表

<table>
<tr><th>序号</th><th>岗位名称</th><th>工作任务分析</th><th>专项能力</th><th>课程</th></tr>
<tr><td rowspan="2">1</td><td rowspan="2">网络信息编辑</td><td rowspan="4">网站策划、网络运营、网站维护、网络管理</td><td rowspan="4">网站设立与维护能力、网页设计与制作能力、美工处理能力</td><td>计算机网络技术</td></tr>
<tr><td>网页设计与制作</td></tr>
<tr><td rowspan="2">2</td><td rowspan="2">网站维护员</td><td>电子商务网站建设</td></tr>
<tr><td>Photoshop</td></tr>
<tr><td>3</td><td>网络营销员</td><td rowspan="4">网站推广、网上促销</td><td rowspan="4">网上谈判与签约能力、销售与推广能力、订单履行能力、沟通能力</td><td>网上电子支付与结算</td></tr>
<tr><td>4</td><td>网站推广员</td><td>现代物流管理</td></tr>
<tr><td rowspan="2">5</td><td rowspan="2">电子交易员（电子商务师）</td><td>供应链管理</td></tr>
<tr><td>客户关系管理</td></tr>
<tr><td rowspan="2">6</td><td rowspan="2">电子商务物流员</td><td rowspan="5">信息收集、业务推广、交易谈判、交易结算</td><td rowspan="5">网络支付与结算能力、物流配送能力、客户服务与管理能力</td><td>C2C 网店经营</td></tr>
<tr><td>B2B 商务规划</td></tr>
<tr><td rowspan="3">7</td><td rowspan="3">网络客服员</td><td>电话营销</td></tr>
<tr><td>网络营销</td></tr>
<tr><td>国际贸易实务</td></tr>
</table>

表 3–4　电子商务专业“双证融通、情境教学”模块化科目课程构成表

<table>
<tr><th>一级模块</th><th>二级模块</th><th>科目课程</th></tr>
<tr><td rowspan="2">基本职业素质模块课程</td><td>公共素质模块课程</td><td>毛泽东思想和中国特色社会主义理论体系概论、思想品德修养与法律基础、形势与政策、基础英语、应用文写作、计算机应用基础、体育、入学军训教育、大学生心理健康教育</td></tr>
<tr><td>专业基本素质模块课程</td><td>学习专业知识前应具备的一些基本知识，如经济学基础、经济数学、管理学原理、管理信息系统</td></tr>
<tr><td rowspan="2">“双证融通、情境教学”模块课程</td><td>双证融通核心模块课程</td><td>根据专业特点可划分为若干“双证融通、情境教学、工学结合”的项目，如网上电子支付与结算、C2C 网店经营、B2B 商务规划、网络营销、网页设计与制作、电子商务数据库技术</td></tr>
<tr><td>职业能力综合实训模块课程</td><td>电话营销、现代物流管理、供应商管理、客户关系管理、国际贸易实务、计算机网络技术、电子商务网站建设与管理</td></tr>
<tr><td rowspan="2">职业定位、顶岗实习模块课程</td><td>职业定位专项实训模块课程</td><td rowspan="2">职业生涯规划专题讲座、就业指导专题讲座、顶岗实习、毕业设计（实习报告）</td></tr>
<tr><td>顶岗实习就业模块课程</td></tr>
</table>

（二）工学模块总体设计

对专业所面对的职业岗位和工作过程进行分析，统计出典型工作任务和工作过程，再将这些典型的工作任务和工作过程进行整合，构建与专业对应的若干个工学模块。然后，以学生的职业成长规律及典型工作过程为依据对这些工学模块排序。

根据完整思维及职业特征将每一个工学模块分解为多个单元（以 2 ～ 4 个为宜），这些单元在教学过程中的安排遵循学生的认知规律及工作过程的顺序。

三、科目课程开发

根据高等教育培养面向生产、建设、服务、管理一线需要的高素质技能型专门人才的特性，其科目课程的开发过程由课程分析、课程设计、课程实施、课程评价与考核四部分组成。

课程分析、课程设计和课程实施之间存在着相对明显的顺序关系，课程评价与考核则是贯穿课程开发全过程的环节。具体以电子商务专业“网店经营实务”课程为例进行科目课程开发实例说明。

（一）课程分析

1. 课程描述

“网店经营实务”课程在基于工作过程的学习领域中处于基础地位，有着不可替代的作用。本课程是电子商务专业中网店经营领域的核心课程，其所培养的 C2C 网店经营能力是电子商务专业“交易中”工学模块的核心能力。通过对 C2C 网店经营相关知识的传授与技能培养，学生能掌握网店经营的基本理论以及网络店铺设计方案与制作技巧；同时获得相应的学习能力、应用能力、创造能力，强化实践能力；增强自己的创新能力、创业意识、团队协作和沟通交流能力。

2. 课程培养的能力目标

（1）方法能力目标

①培养学生的学习能力。

②培养学生必要的政治素质。

③使学生具备一定的法律意识。

④培养学生必备的人文素养和健康的身心。

⑤培养学生良好的职业道德。

⑥培养学生善于总结与应用实践经验的能力。

(2)社会能力目标

①培养学生的沟通能力及团队协作精神。

②培养学生分析问题、解决问题的能力。

③培养学生勇于创新、敬业乐业的工作作风。

④培养学生吃苦耐劳和强烈的社会责任心、正义感。

⑤培养学生初步的管理能力和信息处理能力。

⑥培养学生电子交易中的诚信意识和网络安全防范处置能力。

(3)专业能力目标

①通过系统学习情境安排,通过网络开店的实战训练,挖掘学生的潜在创造力,以此激发创业才能,培养其创造性思维模式,引导学生进行正确的后续学习定位。

②以工作任务为驱动,让学生掌握具体的、实用的网络开店流程和网店运营手段,使学生能够将所学知识和能力充分运用到实际的店铺经营中。

③通过综合素质与职业能力的培养,强化学生的实践能力,既消除了学生对课程学习和职业岗位实际环境存在差异的不适,又使学生在学校就收获创业经验,使学生具备了在自我创业过程中应该具备的职业态度、职业素质和职业能力。

3. 与前期及后续课程的联系

电子商务专业课程的开发按工作过程的内在逻辑,以工作任务为导向展开。“网店经营实务”课程的先行课程有“计算机网络技术”“电子商务概论”“网页设计与制作”“电子商务网建设”等,后续课程为“商务网站规划管理”“供应商管理”“客户关系管理”等,从课程结构来看,本课程属于承上启下的一门专业基础课程,对于电子商务专业的学生而言极为重要。本课程的设计围绕有关网店经营的相关知识点、学生个人创业的职业能力要素和综合素质的培养,科学定位并妥善处理好与先行课程、后续课程之间的关系,避免知识的过多交叉和重叠,达到事半功倍的教学效果。

(二)课程设计

1. 课程结构

表 3–5 为“网店经营实务”课程结构表。

表 3–5　“网店经营实务”课程结构表

单元教学内容	对应知识体系	对应能力标准
学习情境一:店铺定位	市场定位	营销策划能力
学习情境二:注册开店	C2C 电子商务	网络操作能力
学习情境三:发布商品	图片处理软件学习	图片处理软件操作
学习情境四:装饰店铺	网络产品策划	营销能力
学习情境五:线上管理	品牌策划	营销能力
学习情境六:线下管理	物流策划	营销能力
学习情境七:售后服务	服务策划	沟通能力
学习情境八:店铺推广	促销策划	推广宣传能力

2. 课程内容

“网店经营实务”的课程内容以经营网上店铺所应具备的职业能力为主。在课程的开发过程中,按经营网店的工作过程的逻辑顺序,以工作任务为载体开发课程内容。这一课程开发模式有效地将网店经营所应具备的职业能力融合到了工作任务中。在工作任务的完成过程中,实践教学与理论教学两部分有机结合,形成有效的教学整体。在与相关课程理论知识紧密结合的基础上,进行网络开店创业项目的综合设计,注重学生专业能力、专业技能和职业素质的培养,提高学生的创新能力和综合素质。具体的课程内容构成如表 3–6、表 3–7 所示。

表 3–6 “网店经营实务”课程内容构成表

单元教学内容		实训课时	市场调查课时	课时小计
学习情境一：店铺定位	工作任务 1：选择产品	1	1	2
	工作任务 2：选择进货渠道	1	1	2
	工作任务 3：制定价格	1	1	2
学习情境二：注册开店	工作任务 1：开通网上银行	1		2
	工作任务 2：起店名	1		2
	工作任务 3：免费注册	1		2
学习情境三：发布商品	工作任务 1：商品图片美化	2		2
	工作任务 2：商品标题确定	1		2
	工作任务 3：商品描述	2		2
	工作任务 4：分类商品发布	2		2
学习情境四：装饰店铺	工作任务 1：店铺版面设置	2		2
	工作任务 2：个性动态店标	2		2
	工作任务 3：店铺签名档及个人头像设置	2		2
	工作任务 4：店铺公告	2		2
学习情境五：线上管理	工作任务 1：下载交流软件	1		2
	工作任务 2：顾客沟通技巧	1		2
	工作任务 3：处理店铺留言	1		2
	工作任务 4：卖出商品及评价	2		2
	工作任务 5：商品定时发布设置	2		2
学习情境六：线下管理	工作任务 1：如何备货	2		2
	工作任务 2：各种商品包装方法	2		2
	工作任务 3：各种发货方式应注意的问题	2		2
	工作任务 4：设置运费	2		2
学习情境七：售后服务	工作任务 1：投诉及处理	2		2
	工作任务 2：处理商品纠纷	2		2
	工作任务 3：处理物流纠纷	2		2
	工作任务 4：处理服务纠纷	2		2

续表

单元教学内容		实训课时	市场调查课时	课时小计
学习情境八:店铺推广	工作任务 1:BBS 及搜索引擎推广	2		2
	工作任务 2:邮件群发及博客推广	2		2
	工作任务 3:人脉推广及友情链接	1		2
	工作任务 4:买广告位	1		2
	工作任务 5:赠品或节日促销	1		2

表 3-7 “网店经营实务”课程实践内容构成表

序号	实训内容	实训要点
1	学习情境一:店铺定位	利用市场细分的原理对店铺的产品、定价和进货渠道进行定位
2	学习情境二:注册开店	在一个 C2C 网络平台上注册个人网络店铺
3	学习情境三:发布商品	用数码相机拍摄商品并上传到店铺
4	学习情境四:装饰店铺	为店铺做品牌策划,进行整体布局
5	学习情境五:线上管理	销售商品
6	学习情境六:线下管理	运用物流知识为店铺备货、发货等
7	学习情境七:售后服务	为店铺进行服务策划
8	学习情境八:店铺推广	利用各种方式为店铺进行网络推广

(三)课程实施

工作任务一:选择产品

“工欲善其事,必先利其器。”成功只留给有准备的人。开网店之前,需要做好充分的准备:从硬件到软件,从选择产品、选择进货渠道到制定价格,每一步都对网店的未来经营起着至关重要的作用。

一、硬件和软件的准备

(一)硬件的准备

开店前,要准备一个完备的数码环境,包括可以上网的电脑、数码相机、打印机和扫描仪、联系电话等。电脑和宽带网络是必配的,还要有一个数码相机拍下商品的照片上传到网上商店，而扫描仪则是把一些文件扫描上传，如身份证、营业执照等信息。

1. 便捷的电脑网络

首先需要准备的是一台能够正常上网的电脑。因为要开网店，所以电脑必不可少，网店经营者要用它来上传图片和其他商品信息，同时要用电脑和网络与消费者取得联系，进行沟通，因此网店经营者首先要置办一台电脑。

这里要提示大家的是，要选择网速够快的上网方式，如果通过拨号上网或是无线网卡上网，就会由于网速过慢而出现图片传送超时而失败的情况。建议选择网速比较快的ADSL（非对称数字用户线路）上网。

2. 数码相机

网上购物时，客户无法看到商品的实物，因此商品的照片就显得非常重要。商品照片好不好，直接关系到客户是否会点击购买。网上开店主要的一部分工作就是通过图片向自己的客户展示产品，拥有了自己的数码相机，就可以最快速度把自己的产品多角度地、细致地展现在客户面前，这样，成交的机会才会大。

网店经营者在选购数码相机的时候，千万不要只图价格便宜，一定要根据自己所销售的商品来选择相机。如果你要经营的是手工艺品，或者是其他对照片清晰度要求很高的商品，就要选择像素很高的数码相机，这样才能拍出清晰的照片，照片不清楚就不能通过图片充分展示自己的商品，将会影响商品的最终销售量。

3. 打印机和扫描仪

想要开网店，最好自备一台打印机和扫描仪。打印机的应用有两个：一个是打印包裹单；另一个是根据客户的要求为客户打印一些小的贺卡或者一些代表自己商店的个性化的标签、名片、优惠卡。扫描仪的用途是扫描厂家提供的彩色宣传页的照片，也可以与调制解调器（Modem）配合实现传真功能。

4. 联系电话

网店中需要附上方便联系的座机电话，以及确定能找到你的手机。开网店一定要与客户保持联系,你要知道,有的机会错过了就不会再来了。网上那么多商家,顾客凭什么一定要从你那里买东西呢?因此要有联系电话,以便你的客户能够随时找到你,增加成交的机会。

5. 工作地址

如果是规模比较大的网上商店,有单独的办公场地,当然应该把地址附上去;如果是在家经营网店,最好能把自己的家庭地址写上,这样可以让客户更加信任你。

(二)软件的准备

要成功开网店并经营良好,除了硬件的准备外,软件的准备也是非常重要的。

开网店首先要具备一些最基本的网络、电脑知识与简单的物流知识,还要懂得一些图片的拍摄技巧。拍摄完照片,要把照片放到自己的店铺里去,所以还需要懂得如何保存、处理、修改以及上传图片。另外,对自己所销售的产品要了解,如功能、款式、尺码、色彩、保养、维护、使用等内容。

更重要的是,要调整好自己的心态。开一家网店并不难,但是经营好一家网店也并不容易。

1. 物流知识

网上开店的物流相对比较简单。就是达成交易后,如何把货物安全、稳妥地运送到买家手里的过程。目前网店采用的送货方式主要有以下几种:

(1)邮局普通包裹。包裹单 0.5 元,泡泡袋 1.8 元,纸盒 3.5 ~ 5 元,邮寄费用为包裹挂号 3 元,其余按重量计算,一般加起来不超过 10 元,大概 7 ~ 14 天到。

(2)邮政快递包裹。包裹费用同上,运费略高,一般不超过 15 元,大概 7 天内到。

(3)快递公司。市内 5 ~ 6 元,郊区 8 ~ 10 元,外地 10 元起,一般为 15 元,如果是寄液体,有的快递公司会不接单。

(4)邮政特快专递 EMS。20 元起,单子也是要付钱的,EMS 邮寄的是包裹的话，包装费用还要另算。但此种方式安全可靠，送货上门，寄达时间快，只是费用较高。

（5）挂号信。适合比较轻巧的物品，20克以内，寄达需3～5天，注意物品要多包几层以免积压损伤。

2. 选择支付方式

目前的网店主要有以下几种付款方式：手机支付、网上支付、邮局汇款、银行汇款、货到付款。为了方便顾客付款，应该给出多种选择，不要只接受一种支付方式，这样很可能会因为顾客感觉不便而失去成交机会。为了增加顾客的信任度，可使用第三方的付款方式，如支付宝等。申请这些第三方的网上支付方式并不复杂，根据网站要求填写表单，然后进行身份验证，等通知开通即可。一般两个星期左右或者更快就可完成。如果您开的网店想要接受国际买家的订单，建议使用PayPal、2CO.com这些支持国际信用卡支付的方式，国际支付的手续费相对比较高，PayPal根据用户账户性质不同收取不同的手续费，2CO.com除了开通费，每笔业务还要收取一定的手续费。

3. 专业知识

对于自己所经营的产品，自己应该做到百分百了解。同时，还应该掌握该行业的相关知识，才能给客户提供更专业的服务。例如，一个经营化妆品的网店，要了解自己经营的产品、适合人群、使用方法等；同时，还要掌握行业中同类产品的状况。

4. 网店经营过程中的常用软件

（1）电子邮件。对于打算开网店的您，我们推荐使用一些大门户的网站邮箱，当然其他的也是可以的。如果偶尔要跟外国人做生意的话，我们也建议使用国际用的Hotmail邮箱。当然，为了轻松地收发邮件，您可以使用Foxmail等工具。

（2）聊天软件。聊天工具必不可少，聊天就是跟顾客沟通的手段。现在比较通用的聊天工具主要就是微软MSN、腾讯QQ等工具，或者使用交易平台的沟通软件，如淘宝旺旺等。

(3)微软 Word。这是入门级的文字编辑软件,学会基本的操作以后,就可以很方便地编写合同,以及编写自己的网站文案。文案编写的好坏程度对产品的销售情况有很大的影响。所以,一定要尽可能地把文案写好,这当然也就不能离开文字编辑软件。

(4)作图软件。网上开店除了要编写好的文案,另外一个非常重要的部分就是要有精美的产品图片和宣传图片,因为客户主要是通过图片来看你的产品的,质量差的图片会导致流失很多客户,所以做出合适的产品图片,对网店来说是至关重要的。

现在的作图软件有很多种,但是我们仍然首推 Photoshop,因为 Photoshop 一直是平面位图设计编辑领域的佼佼者,是业内普及率最高的工具。所以,为了以后的长远发展,熟悉一下 Photoshop 是应该的。

(5)基本的网站设计软件。如果你的网上商店是一家独立店铺,而不是寄附在淘宝网或者拍拍,又或易趣网等平台的话,你就需要自己管理和设计自己的小店了。那么,你起码要会一些基本的网站设计软件,这样可以知道网上商城的建设原理,并且还可以为自己的商店加上几个漂亮的宣传广告页面。一个有规模的网上商店再加上几个漂亮的广告页面,效果会更好。

5. 良好的心态

商场如战场,做生意不可能是一帆风顺的,心态调整很重要。

以下是一个成功的网店创业者的经验总结,摘录下来,跟大家共勉。

激情——热爱所做,永不放弃。

热爱你所做的事情,充满激情地投入。

碰到困难和挫折的时候不轻易放弃,坚持、执着、乐观向上。

敬业——勤恳努力,精益求精。

脚踏实地地努力经营,不怕苦不怕累,一分耕耘一分收获。

不断地学习、不断地完善、不断地进步,要有阶梯性的目标不断去实现。

诚信——以诚待客,诚信为本。

做生意诚信是基本,只有诚信才能赢得客户的认可。

客户第一,诚信服务。

创新——迎接变化,勇于创新。

用积极的态度面对市场的变化、环境的变化、客户的变化。

不满足于现状,创造变化,抢得先机。

心态——拥有良好的心态,成功才会属于你。

拥有正确良好的心态,客观平和、冷静诚恳,对于做生意、对于开店都是比较有利的心态。

态度决定一切,有好的心态、好的态度,成功才会属于你。

二、根据市场调查分析,确定几类产品

略懂些市场营销的朋友可能会经常在业界听到别人说这样一句话:“有需求就有市场,有需要就有客户”。其实,当我们仔细地体会了这句话之后,不难看出,它是在告诉我们:做生意,看市场,选产品,只有这个产品在市场上有需求的时候,我们才会有客户。反过来说,当你的产品不为市场和众人所接受时,你的产品将会滞销,所以产品定位是很重要的,下面来看看我们应该如何定位产品以及如何选对、选好产品。其实要将产品恰如其分地定位很不容易,这其中包括了很多我们应该了解的和应该掌握的市场营销及其他专业销售知识,像产品的价格、产品的外形、产品的对应文化、产品的品种、产品的市场前景等。这里分析最重要的三大点。

第一点:锁定目标消费层。

在考虑卖什么的时候,一定要确定目标顾客,从他们的需求出发选择商品,目前主流网民有两大特征,一是年轻化,以游戏为主要上网目的,学生群体占相当大的比例;二是上班族,代表了主流网民的另一大基本特征——白领或者准白领化。上网所需的软硬件设备、连接条件,特别是知识门槛等多方面的因素,为这一特征写下了必然的脚注。

网上卖东西与现实经商略有不同，虽然电子商务时下比较流行，但是依然有很多人对网上购物的安全性存有疑虑，担心上当受骗。因此目前在网上购物消费的群体大部分是年轻人，且这些年轻人的身上和骨子里多少都带着时尚潮流的元素。相对来说中年人和老年人较少，尤其是40岁以上的，没有太多人在网上购物。所以，如果我们在网上经营老人用品，将远远不如经营年轻人的产品更有市场和更易畅销。因此，开店的第一步，我们必须选好目标消费群体，以年轻人的消费品为目标，优先考虑经营年轻人的用品，这样来说生意会好做些：另外，如果愿意花更多的时间选定消费群体，你还可以将这些年轻人的范围进一步缩小，将他们的年龄段进行细分，以了解年轻人对网上购物的喜欢程度，这样的话，你的目标消费群会更加明晰，为你后面的产品定位工作打下更坚实的基础。

第二点：定好产品的价格，从而更有目标性地去定位产品。

产品定位中的价格定位是至关重要的一项决策，那么如何去更好地、更有效地定好这个价格呢？

一般情况下，我们有怎样的消费群体就会有怎样的产品价格范围。拿年轻人的服装来举例子。年轻人的服装一般是融合了时尚、流行、多样化等潮流元素的，因此对于服装厂来说，设计师要花时间和精力在设计上，设计出一些当下流行的衣服，因而成本也会相对高一些。

当然，年轻人的用品不仅仅是服装，还有玩游戏时用得最多的游戏卡、点卡等。我们要根据自己心目中的消费层次和大致价格范围确定我们的目标产品价格。比如，想经营的产品的价格是50～60元，那么我们平时就应该多留心观察那些在50～60元区间比较畅销的产品。具体的做法如下：经常去论坛看看，我们常看到一些卖家的帖子，说自己如何在短暂的时间里创造“奇迹”。对于这样的帖子我们就应该进他的店铺，看看他的产品到底是什么，为何这么畅销，是不是自己想要经营的产品。还可以经常去搜索，输入产品的价格范围和大致名字，看看搜索出来的那些卖家的产品销售得如何。当这样做过之后，你就会发现心目中的那个想要定位的产品价格越来越清晰，信心也越来越大。

第三点：选好产品，选好目标产品。

其实在我们选好产品之前要做的事情真的很多，其中，市场信息是非常重要的。它是最为直接地反映你的产品是不是一个好产品的方式。有了以上两次大的筛选之后，我们再来定位产品就会更具有可行性、目标性和准确性了。

如果你的产品定位不恰当，产品选得不好、选得不对，但是做足了其他工作，产品的销量会好吗？当然不能，产品不好，客户不接受，没有人买，你的售后服务再好，你的沟通再到位，你的上下架时间把握得再好，也是没有用的。换句话来说，也就是只有你的产品是一个有潜力的产品，是一个为大众所接受的、所需要的产品，是一个有需求、有市场的产品，才会畅销，才会有人买，才会有客户。

三、根据自己的兴趣和经验，从几类产品中选择要经营的产品

在决定开店以前，可以先给自己提几个问题：我最感兴趣的是什么？擅长什么？我的优势有哪些？比如，有个女生很喜欢研究化妆品，对化妆品的各个品牌、功效、价格和特点都了如指掌，那么如果她要开个化妆品的店铺是不是比较有优势呢？而一个很喜欢玩电脑游戏的人，就可以考虑开电子游戏充值方面的店铺。对于自己感兴趣的东西，在做起来的时候，不知不觉就会投入，这样入门上手也会比较快。

了解主流网民的基本特征，就可以根据自己的资源、条件甚至是爱好来确定接下来要打造的主流商品。不过，有特色的店铺到哪里都是受欢迎的，如果能寻找到切合时尚又独特的商品，如一些自制商品、玩具、服饰等，将是经营产品的最佳选择。

另外，商品自身的属性对销售也有制约作用。一般而言，商品的价值高，收入也高，但投入相对较大。对于既无销售经验，又缺少原始资金的创业者来讲，确实是不小的负担。网上交易地域范围广，有些体积较大、较重而又价格偏低的商品是不适合网上销售的，因为在邮寄时商品的运费太高，如果将这笔费用分摊在买家头上，势必会降低买家的购买欲望。

根据业内人士的建议,适合在网上开店销售的商品一般具备下面的条件:

一是体积较小。主要是方便运输,可以降低运输成本。

二是附加值较高。价值低过运费的单件商品是不适合网上销售的。

三是具备独特性或时尚性。销售业绩不错的商品往往都是独具特色或者十分时尚的。

四是价格较合理。如果线下可以用相同的价格买到,就不会有人在网上购买了。

五是通过网站了解就可以激起浏览者的购买欲望。如果这件商品必须要顾客亲自见到才可以产生购买欲望,那么就不适合在网上开店销售。

六是线下没有,只有网上才能买到的产品。如外贸订单产品或者直接从国外带回来的产品。

要在网上开店,首先就要有适宜通过网络销售的商品,但并非所有适宜网上销售的商品都适合个人开店销售,下面通过三大竞争策略助你选好产品。

首先,物以稀为贵,选择商品时一定不能选择那些到处都能买到的。那些商品既然到处都能买到,买家为什么还要来买你的?再加上邮寄费,肯定比别处的贵了。即使能卖出去,也赚不了钱。你要找些不常见的商品,那样自然有人花大价钱来买。这里也就应用了差异化的竞争策略。

其次,利用地区价格差异来赚钱。许多商品在不同的地区,价格相差很多,如电器类,广东等沿海城市要比内陆便宜许多,而收藏品在古都(北京、西安、洛阳)又比沿海地区便宜得多,所以各位要从自己的身边着眼,找找自己身边盛产而其他地方较少的商品,这样才能卖个好价钱!这里也就应用了成本领先策略

最后,做熟不做生,尽量不要涉足你不熟悉的方面。如果你热爱手工,热爱十字绣,热爱手绘,热爱创造性的事情,不妨开个与 DIY 相关的店铺,特色店铺到哪里都是受欢迎的。因为具有特色的东西少,所以容易吸引人。如果你对摄影非常在行,喜欢数码类产品,不管自己有没有实体店铺,都可以在这方面尝试一下,最重

要的是努力成为这个领域的专家。还要尽量主动回答店铺会员的问题,提供给会员所售卖商品的相关知识。时间长了,口碑好了,大家一想到这方面的购物,就会首先想到你。总之,每个人都有自己的特长,任何时候,学会淋漓尽致地发挥自己的特长很重要,不要拿自己的短处去拼别人的长处。这里也就应用了专业化的相对创新策略

四、网上开店要注意遵守国家法律法规

不要销售以下商品:

一是法律法规禁止或限制销售的商品,如武器弹药、管制刀具、文物、淫秽品、毒品。

二是假冒伪劣商品。

三是其他不适合网上销售的商品,如医疗器械、药品、股票、债券和抵押品、偷盗品、走私品或者以其他非法形式获得的商品。

四是用户不具有所有权或支配权的商品。

工作任务二:选择进货渠道

一、了解网上开店的一般进货渠道

网上创业已成为一种全新的商业模式,很多创业者想通过网上开店实现自己的创业梦,确定卖什么之后,就要开始找货源了。网上开店,大致可以从以下几个渠道找到货源。

(一)批发市场进货

这是最常见的进货渠道,如果你的店铺经营的是服装,那么你可以去周围一些大型的服装批发市场进货,在批发市场进货需要有强大的议价能力,力争将批发价压到最低,同时要与批发商建立良好的关系,在关于调换货的问题上要与批发商说清楚,以免日后起纠纷。

适合人群:当地有这样的大市场或自己具备一定议价能力的朋友。

如何鉴别批发市场?

其实，经销商是商品流通中的必要环节，我们没必要避开他。如果厂家在广东，你在北京，难道你要直接跑到广东去进货不成？就算厂家就在你家门口，厂家也不可能跟一个零售商直接打交道的。除非那个厂子特别小，或者给你的是二等品，后面将会详细叙述一二等品的产生和区分。所以，对于零售商来说，进货的最好渠道还是批发市场。那么在偌大的市场中，如何找到最便宜的批发市场呢？这就要区别零售兼批发、批发兼零售市场及直销点三类不同市场了。

区别零售兼批发市场和批发兼零售市场很容易。拿服装来举例：零售兼批发的市场，是允许试穿衣服的，而批发兼零售的地方是不允许试穿衣服的。价格当然是批发兼零售市场便宜了。

区别批发兼零售市场和直销点。这时，你就要观察周围环境了。直销点货物的吞吐量比较大。店面之间的走道宽阔，清晨和晚上车子是可以进去装卸货的。而且所有的货物都是打包卖，基本不零售。这里走的就是量，价格是最低的。但你要承担得起这样的量，没有量是不会被卖家理睬的。

所以，有时间待在电脑前大叫进价贵，还不如去市场好好逛逛，找那些直销点拿货，既便宜，又有质量保证，而且做久了都是可以退换货的。

（二）厂家直接进货

正规的厂家货源充足，信誉度高，如果长期合作的话，一般都能争取到产品调换。但是一般而言，厂家的起批量较高，不适合小批发客户。如果你有足够的资金储备，有分销渠道，并且不会有压货的风险或不怕压货，那就可以去找厂家进货。

适合人群：有一定的经济实力并有自己的分销渠道的朋友。

（三）批发商处进货

一般用搜索引擎就能找到很多贸易批发商。他们一般直接由厂家供货，货源较稳定。不足的是因为他们已经做大了，订单较多，服务有时难免就跟不上，而且他们都有自己固定的老客户，你很难和他们谈条件，除非当你成为他们的大客户后，才可能有折扣和其他优惠。在开始合作时就要把发货时间、调换货品等问题讲清楚。

适合人群:有自己的分销渠道,销售量较大的朋友。

(四)购进外贸产品或OEM产品

目前,许多工厂在外贸订单之外有剩余产品,或者为一些知名品牌贴牌生产之后会有一些剩余产品处理,其价格通常十分低廉,为市场价格的2～3折,品质做工绝对有保证,这是一个不错的进货渠道。但一般要求进货者全部吃进,所以创业者要有一定的经济实力。

适合人群:有一定货源渠道的朋友,同时有一定的识别能力。

(五)吃进库存或清仓产品

商家急于处理的商品,价格通常极低,如果你有足够的砍价能力和经济能力,可以用一个极低的价格吃下,然后转到网上销售,利用地域或时间差获得足够的利润。吃进这些产品时,你一定要对质量有识别能力,同时能把握销售情况的发展趋势并建立好自己的分销渠道。

适合人群:适合有一定资金实力,对这个行业比较了解的朋友。

(六)寻找特别的进货渠道

如果你在海外有亲戚朋友,就可以由他们帮忙,进一些国内市场上看不到的商品或是价格较高的产品。比如,你可以找人从日本进一些相机等电子产品,还可以从俄罗斯进一些工艺品。如果你工作、生活在边境,就可以办一张通行证,自己亲自出去进货,这样你的网店就会很有特色或是价格优势。

适合人群:适合有特别的进货渠道,同时能把握流行趋势的朋友。

二、寻找价格低廉的进货渠道

网上开店之所以适合创业者,成本较低是重要因素。掌握了物美价廉的货源,就掌握了电子商务经营的关键。以服饰类商品为例,一些知名品牌均为全国统一价,在一般实体店基本不打折,而网上可以卖到7～8折。很多服饰、箱包类商品的价格都是商场价格的2～7折。

那么,如何才能找到价格低廉的货源呢?

（一）充当市场猎手

密切关注市场变化，充分利用商品打折找到价格低廉的货源。拿网上销售量很高的名牌衣物来说，卖家常常在换季时或特卖场里淘到款式和品质上乘的品牌服饰，再转手在网上卖掉，利用地域或时空差价获得足够的利润。网上有一些化妆品卖家，与高档化妆品专柜的主管熟悉之后，可以在新品上市前抢先拿到低至7折的商品，然后在网上按专柜9折的价格卖出，因化妆品售价较高，利润也更加丰厚。

（二）关注外贸产品

外贸产品因其质量、款式、面料、价格等优势，一直是网上销售的热门产品。很多在国外售价上百美元的名牌商品，网上的售价仅为几百元人民币，吸引众多买家购买。

新的网上创业者如果有熟识的外贸厂商，可以直接从工厂拿货。在外贸订单剩余产品中有不少好东西，这部分商品大多只有1～3件，款式常常是明年或现在最流行的，而价格只有商场的4～7折，很有市场。

（三）买入品牌积压库存

有些品牌商品的库存积压很多，一些商家干脆把库存全部卖给专职网络销售卖家，品牌商品在网上是备受关注的分类之一，很多买家都通过搜索的方式直接寻找自己心仪的品牌商品，而且不少品牌虽然在某一地域属于积压品，但由于网络覆盖面广的特性，完全可使其在其他地域成为畅销品。如果你有足够的砍价本领，能以低廉的价格把他们手中的库存买下来，一定能获得丰厚的利润。

（四）多跑批发市场

多跑地区性的批发市场，跑市场不但能实时地熟悉行情，还可以拿到很便宜的批发商品。通过和一些批发商建立良好的供求关系，不但能够拿到第一手的流行货品，而且能够保证网上销售的低价位。

找到货源后，可先进少量的货试卖一下，如果销量好再考虑增大进货量。价格低廉固然是要考虑的关键因素，但同时也要和批发商确认，你进的货物是否能退换。因为对于刚刚开始网上创业的人来说，一开始的进货量一般不会很大，由于商品类型等原因，销售量在开店初期也不会特别好。所以对很多人来说，能退换货是降低风险的重要因素。

（五）零风险、零投入的开店方案——依靠专业的批发进货网

对于很多普通人来说，由于他们所在地周围没有大的批发市场、没有资金、怕压货、担心货物销售不出去而造成的风险，同时也存在着一些技术问题，如拍照、作图、上传等，他们没有办法开展网上销售。这样的网商朋友，可以依靠一些专业的批发代销网，那么这些担心都可以全部轻松解决，真正实现零风险、零投入网上开店计划。

这些网站提供大量的热卖商品的图片，网友们只要成为他们的代理商，很轻松地就可以把网站上所有的商品搬到自己的网店上，而选商品、拍照、作图、编辑、报价、发货、售后等一条龙的服务都会由网站完成。网友要做的工作仅仅是把商品卖出去即可，对于很多人来说这是一个很好的网上销售途径。现在还有一些做得比较好的批发进货网，所提供的商品种类很丰富，更新也很及时，图片也拍得很漂亮，价格和服务也很不错，特别值得一提的是，有些进货网，提供的是100％退换货的服务，无论是对批发商还是代销商，卖不出去的商品，他们可以全部退换货。其实只要结合自己的实际情况，考虑时间、资金、成本、方便性等各种因素，就一定能在网上开出适合自己的网店，拥有自己的一片蓝天。

三、根据自己选定产品的特点以及自己的优势，确定进货渠道

经商做生意，说白了就是买卖商品并从中赚取差价的过程，但里面也关系到很多学问，就拿进货来说，进货的数量、质量、种类该如何确定，进货资金和流动资金的比例该如何确定，什么时候补货及如何确定补货的数量，作为经营者都应该了解。下面，我们就把这些商业中常用的基本知识介绍给大家，希望能对一些刚入门的小本经营者有所启发。

（一）批发和零售的利润模式

批发和零售最大的区别是：批发商卖单个产品的利润低，只有通过大量的出货才能赚钱，而零售商卖单个商品的利润高，但出货量要比批发商少。

开店初期，大多经营者由于不想压太多的商品，他们会选择每种商品都只进一小部分作为样品，通过样品去渐渐了解消费者的市场需求。如果发现该商品的需求量很大，再决定去补货，因为这样做相对稳妥，风险要小。但这种方式也有一个缺点，就是当你向批发商提出购买单件产品时，要不就是没有人愿意给你货，即使给你货价格也要比批发价格高出很多。这样一来，这件商品较高的进货价格加上利润，必然会导致你的价格没有竞争力，很多顾客都会放弃购买，无形中干扰了你对这个产品市场前景的判断。

所以，当你做之前需要深入了解客户人群的需求，对自己的进货眼光有绝对的信心，进货过程中向批发商展示出足够的诚意，用数量来为自己争取拿到好的批发价格。

（二）进货的数量

进货数量包括多个方面，如进货金额、进货商品种类、单个商品种类及数量等。确定进货金额有个比较简单的方法，即把你整个店铺的单月经营成本加起来（包括店租费、人工费、水电费、税费、管理费用等），然后除以利润率，得出的数据就是你每月要进货的金额。比如，你的全部经营成本为 5 000 元，产品卖出的平均利润在 200 %，那你最起码就需要进 2 500 元的货了，因为 5 000/200 %=2 500。这样的话你刚好能够平衡收支。如果你只是进了 2 000 元的货，那你即使真把这些货一个月内卖完，你的利润也只有 4 000 元，是不够你的支出的。

所进商品种类第一次应该尽可能多，因为你需要给顾客各种类产品的选择。当对顾客有了一定了解的时候，你就可以锁定一定种类的产品了，因为资金总是有限的，只有把资金集中投入有限的种类中，你才可能保证单个产品进货量大，要求批发商给予更低的批发价格。

当你锁定某些种类的产品时，单个商品种类的数量可以细分为陈列数量、库存数量和周转数量。陈列数量就是你放在货架上的数量，库存数量就是你仓库里面备货的数量，周转数量就是你在两次进货期间实际的出货数量。从有多年经营经验的经营者那里得出的结论看，起码每个单品要有3件，才能够维持一个比较良性的商品周转。当你进了一件商品又出现热销时，很快就需要为这个商品单独补货，这时无论从所花费的时间还是资金上看，都是得不偿失的。而你不补货，又只好眼睁睁看着顾客失望地离开。但如果你进了3件同样的商品的话，在销售完这3件商品的时候其他的产品也很可能需要补货，这样你就可以一次性补货来提高补货的效率，从而节约补货开支。

（三）如何获得批发商的支持

影响批发商对你的支持有两个因素：一是你的首次进货金额，如果你首次进货金额太少，批发商就会认为你没有实力，或者你对他的产品信心不足；二是补货的频率，如果你经常到批发商那里去补货，即使数量不多，但批发商还是认为你的货物周转快，能够为他带来长期效益。批发商对你的支持表现在一旦有新货会尽快通知你，而且尽可能下次进货的时候他会自动把价格调整下来。同时，批发商如果认为你是重要客户，一般会向你透露近期哪类商品热销，了解这些行情会让你对市场和客户的判断更准确。

（四）批发市场的规则

1. 不要在批发商店慢慢检查你的产品

当你提到货后，只要把数量点清就可以了，一般回去发现产品有问题后再要求更换（当然离进货时间不要太远），若你提货后就蹲在批发店里面点货，会让批发商觉得你是个很麻烦的顾客，从而不愿与你长期打交道。

2. 不要指望通过批发商换货来降低风险

进货时，千万不要对批发商提出如果产品不好卖能不能换成好卖的商品这类问题，如果你这样问，会被批发商认定你以前没有做过生意，是生意场上的新手

（如果做生意风险可以控制到这种程度，可能谁都发财了），接下来不用说你都猜到批发商会给你什么样的报价了。批发商没有义务为你承担进货的风险，能够为你更换次品已经是很好的支持了。

3. 批发市场里面价格的调整很小

前面提到，批发商的单件商品利润很低，商品价格的下调不可能像零售商一样，一般调整都在 2% ~ 3%，能够下降 5% 就已经很难得了，如果你死缠着批发商要求在批发价上再打个八折，就会让批发商知道你很少到批发市场进货。另一方面，在批发市场里，一般货物的运输都是通过汽车或者铁路（因为运输成本比快递低得多），而且都是买家自己负责，碰上好的批发商的话，他最多愿意帮你托运，但是搬运到货场的费用和运费肯定都是买家自己付的。

工作任务三：制定价格

一、了解一般定价技巧

商品定价在网店销售中也是很重要的一环，在淘宝网开店，同类商品价格基本上是透明的，顾客可以轻松搜索出他想要买的商品的全部价格，谁高谁低，就一目了然了。定价忌过高也忌过低。定价过高，不具有市场竞争力，在淘宝商品价格基本透明的情况下，过高的价格对于销售比较不利，妄想通过暴利来经营，这是不具可行性的。定价过低，是很多新卖家的通病，只追求售出，甚至忽略利润，这不是长期的销售策略，没有利润点的生意没有存在的意义，对于生意的正常有序发展比较不利。下面是几种定价的基本方法以及一些定价技巧的介绍。

（一）成本导向定价法

“成本 + 利润 = 价格”（这里的成本不光是商品的进货价，还包括运营成本），即以进货成本为依据，加上期望得到的利润来确定所卖商品的价格。比如，一件商品成本是 30 元，你想赚 10 元，那么定价就为 40 元。

安全定价通常是由成本加正常利润构成的。例如，一条牛仔裤的成本是 80 元，根据服装行业的一般利润水平，期待每条牛仔裤能获 20 元的利润，那么这条牛仔裤的安全价格为100元。安全定价,价格适合。

一家日杂用品店进了一批货,以每件1元的价格销售,可购买者较少。无奈商店只好决定降价,但考虑到进货成本,只降了2分钱,价格变成9角8分。想不到就是这2分钱之差竟使局面陡变,购买者络绎不绝,货物很快销售一空。售货员欣喜之余,感叹一声,只差2分钱呀!

(二)竞争导向定价法

此法就是参考同类商品定价来确定你的定价。比如,你卖瑞士军刀,通过搜索发现相同型号的商品别人卖90～110元,那你卖85元就相对具有竞争力。当然,这里还要考虑到个人成本以及售后服务、运费等因素的影响。

(三)需求导向定价法

此法为按照想买你东西的买家的承受能力来确定价格。

1. 同价销售术

英国有一家小店,起初生意很不景气。一天,店主灵机一动,想出一招:只要顾客出1英镑,便可在店内任选一件商品(店内商品都是同一价格的)。尽管一些商品的价格略高于市价,但仍吸引了大批顾客,销售额比附近几家百货公司都高。

比较流行的同价销售术还有分柜同价销售,比如,有的小商店开设1元、10元、50元、100元商品专柜。

2. 分割法

价格分割是一种心理策略。定价时采用这种技巧,能造成买方心理上价格便宜的感觉,价格分割包括下面两种形式:

(1)用较小的单位报价。例如,茶叶每千克10元报成每50克0.5元,大米每吨1 000元报成每千克1元等。

(2)用较小单位商品的价格进行比较。

3. 非整数法

这种把商品零售价格定成带有零头结尾的非整数的做法,是一种极能激发消费者购买欲望的做法。非整数价格虽与整数价格相近，但它给予消费者的心理信息是不一样的。

4. 整数法

美国的一家汽车制造商曾公开宣称，要为世界上最富有的人制造一种大型高级豪华轿车，价格定为 100 万美元的整数价。为什么？因为高档豪华商品的购买者，一般都有显示其身份、地位、富有、大度的心理欲求，整数价格正迎合了这种心理。

对于高档商品、耐用商品等宜采用整数定价策略，给顾客一种“一分钱一分货”的感觉，以树立商品形象。

5. 分级法

先有价格，后有商品，记住看顾客的钱包定价。

（四）质量导向定价法

1. 特高价法

特高价法即在新商品开始投放市场时，把价格定得大大高于成本，使企业在短期内能获得大量盈利，以后再根据市场形势的变化来调整价格

2. 低价法

这种策略是先将产品的价格定得尽可能低一些，使新产品迅速被消费者所接受，优先在市场取得领先地位。

对于一个生产企业来说，将产品的价格定得很低，先打开销路，把市场占下来，然后再扩大生产，降低生产成本。对于企业来说，尽可能压低商品的销售价格，虽然单个商品的销售利润比较低，但销售额增大了，总的商业利润会更高。

在应用低价法时应注意：高档商品慎用；对追求高消费的消费者慎用。

（五）弧形数字法

据研究发现，在生意兴隆的商场中商品定价时所用的数字，按其使用的频率排序，先后依次是 5、8、0、3、6、9、2、4、7、1。这种现象不是偶然出现的，究其根源是顾客消费心理的作用。带有弧形线条的数字，如 8、0、3、6 等易为顾客接受；而不

带有弧形线条的数字，如1、7、4等比较而言就不大受欢迎。

（六）拍卖

在网上你能看见有的店家定的是“一口价”，有的却是“拍卖”。你也可以尝试一下拍卖，用一元起拍的价格来吸引买家。但是这样做的前提是你要有心理准备，因为很可能这个商品如果没有人继续叫价的话，就会被一元拍走了。所以，拍卖的主要目的是吸引人气，让买家来光顾一下你的铺子。

（七）调整法

德国奥斯登零售公司刚推出1万套内衣外穿的时装时，定价是普通内衣价格的4.5～6.2倍，但因为特色鲜明，照样旺销。可后来，当德国各大城市相继大批推出这种内衣外穿时装时，奥斯登却将价格骤降到只略高于普通内衣的价格，同样一销而光。这样，又过了8个月，当内衣外穿时装已经不那么吸引人时，奥斯登又以“成本价”出售，每套时装的价格还不到普通内衣的60%，这种过时衣服还是十分畅销。

好的调整犹如润滑油，能使畅销、平销、滞销商品都畅销无阻。

（八）习惯法

许多商品在市场上已经形成了一个人所共知的基本价格，这类商品一般不应轻易涨价。

但是，如果商品的生产成本过高，又不能涨价，该怎么办呢？其实可以采取一些灵活变通的办法，如减少用料、减轻分量。

二、按照定价步骤制定价格

一是根据进货渠道，精确计算选定产品的成本。

二是调查目标顾客所能接受的价格范围。

三是搜索同行网店竞争对手定的价格。

四是最终确定所选产品的价格。

（四）课程评价与考核

课程评价与考核如表 3-8 至表 3-10 所示（笔试考核标准以期末考试试卷制定）：

表 3-8　课程评价与考核要点

能力要求	评价与考核点
专业知识	核心概念和知识点，采用笔试、口试等方法
专业技能	业务流程操作过程，独立解决问题
方法能力	方案规划与报告撰写能力
职业素质	思维清晰，善于用文字与语言表达
团队精神	团队成员平均成绩

表 3-9　考核方式与标准表

序号	考核项目	考核内容	成绩比例（%）
1	项目考核	考核学生在每一个学习项目中的知识和技能掌握的程度	
2	独立实践	考核学生在独立实践项目中综合技能的应用	
3	综合项目实训	考核学生综合技能的应用	
4	笔试		
5	口试		
6	小组互评	其他小组成员根据其在小组作业中的表现进行评分	
7	自评	自我评价	

表 3-10　项目考核标准

序号	考核项目	考核内容	成绩比例（%）
1	学习态度	职业素质、实训态度、效率观念、协作精神	
2	过程操作	操作规范	
3	实训报告	文档写作能力、文档的规范性和完整性	
4	课内实践	操作规范	
合计			

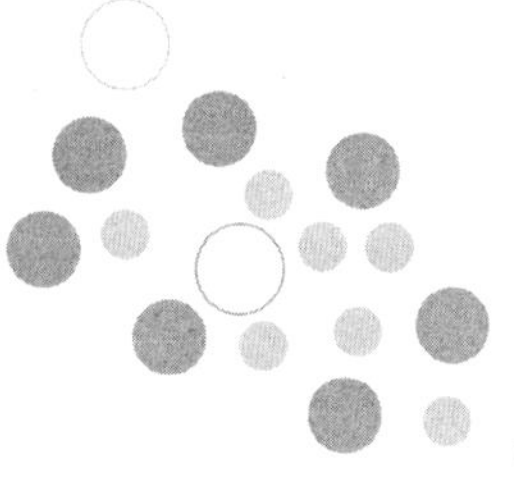

第四章　电子商务人才培养实施策略

第一节　制订人才培养方案

一、人才培养方案制订的基础

（一）人才培养方案的概念

作为人才培养的重要场所，学校的职责之一就是输送社会发展所需要的人才。所以，每一个教育工作者都需要时刻思考“培养什么样的人才”与“怎样培养人才”这两个问题。在学校人才培养的总体规划与策略中，人才培养方案是基础和前提，这是学校人才培养的总体设计，是学校组织教学活动、协调教学关系、实现教学目标的重要依据。人才培养方案不是简单的教学计划，而是众多教育工作者站在学校发展以及人才发展的宏观视角上，以人才培养为目的制定的工作蓝图。因此，各校一定要结合自身实际情况，制订适宜的人才培养方案，以此进一步深化教学改革，指导学校教学活动的开展，从而不断提高人才培养质量。

（二）人才培养方案制订的原则

1. 坚持技能与综合素养相结合的原则

电子商务专业人才培养的一个目的就是要让学生掌握从事电子商务行业的技能。当然，现代教育强调的是人的全面发展，技能只是学生进入某个行业的“敲门砖”，综合素养才是决定学生能否在行业中实现长远发展的根本。尤其是在企业愈加重视人才的今天，综合素养显得更加重要。因此，除了要重视学生电子商务技能的培养，还需要重视学生综合素养的提升，使学生实现“全人”的发展。

2. 坚持实事求是的原则

实事求是是指从实际对象出发,探求事物的内部联系及其发展的规律性,认识事物的本质,也指按照事物的实际情况做事。电子商务人才培养方案的制订就是要充分考虑实际情况,制订科学、合理的方案。首先,学校要充分考虑自身建设情况,包括教学基础设施建设、教师队伍建设等,制订与之相匹配的人才培养方案,而不要好高骛远。其次,学校要充分考虑电子商务行业的发展情况,这是保证学校所培养的人才能够满足电商企业要求的一个前提。如果学校不考虑行业发展情况而盲目制订方案,势必会影响学生毕业后的就业率,进而影响学校的教学质量和口碑。最后,学校要充分考虑学生的生源特点以及身心年龄特点。学校在制订方案的过程中要将该阶段学生的身心发展特点,尤其是心理发展特点考虑在内。总之,作为学校人才培养的一个宏观蓝图,人才培养方案的制订不能脱离实际,要实事求是,并脚踏实地、一步一个脚印地落实,这个蓝图才可以实现从纸面到现实的飞跃。

3. 与人才的可持续发展相结合的原则

社会是在不断向前发展的,尤其是在这个知识爆炸的时代,社会发展的速度非常快,这也促进了知识更迭速度的加快。对于每个人来说,要想跟上社会时代发展的潮流,就必然要树立终身学习的理念,实现自身的可持续发展。其实,电子商务人才培养方案本身就是一个人才培养的蓝图,是站在三年教学的时间长度上,不局限于一时一课。但就一个人终身的发展来看,三年也只是其中的一个阶段,如果学校能够站在三年教学规划的基础上,将终身学习以及可持续发展的理念融入人才培养方案中,对学生的成长和长远发展无疑具有更加积极的意义。

(三)人才培养方案制订前的准备

为了使电子商务人才培养方案的制订更加科学和合理,学校在制订具体的方案之前需要做一些准备,具体而言,包括人才需求调研与分析、确定专业培养的目标两点。

1. 进行电子商务行业人才需求的调研与分析

为了使人才培养方案的制订能够与电子商务行业的市场情况相吻合，学校在制订方案之前需要对市场的人才需求情况进行调研。调研开始前需要先确定调研的范围，包括国内电子商务企业（尤其是重点关注本省或本市地域范围内的企业）、电子商务平台运营商、电子商务毕业生从事的岗位。然后针对调查范围制定调查问卷，问卷以走访和邮件相结合的方式发放。对于当地的企业，可以采取走访的形式，方便研究人员结合问卷进行访谈，得到更加全面的数据；其他地区的企业则可以通过电话、网络等方式进行沟通，并通过邮件的方式发放电子版的调查问卷。最后，针对回收的调查问卷进行系统的分析，全面了解电子商务行业当前的市场情况，并将这些情况与学校的实际（包括学校规模、师资力量、教学设施、课程设置等）相结合，作为电子商务人才培养方案制订的一个依据。

2. 确定专业培养的目标

电子商务人才培养方案是学校人才培养的一个蓝图，涵盖人才培养的全过程，所以具有过程性的特征，而这个过程最终指向的是一个目标，即培养合格的人才。这就需要有一个具体的目标，作为人才培养是否合格的一个标准。因此，在制订人才培养方案之前，学校需要确定电子商务专业人才培养的目标。

二、人才培养方案制订的要点

（一）人才培养方案主线的确定

确定人才培养方案的主线是科学、合理制订人才培养方案的第一步，因为只有确定了主线，才能填充“枝叶”，人才培养方案“这棵大树”才能直立且茂盛地生长。

21 世纪以来，人类进入知识爆炸的“大科学”与“大综合”的时代，社会对人才的需求已经发生了根本性的改变，越来越多的企业要求人才具有较广的知识面，具有相应的技能和具备较高的综合素质。因此，学校在制订电子商务人才培养方案时，要从以往那种以“技能为主”的主线设计中转变到“技能与素质并重”的

“两位一体”的主线设计中来，即将“培养技能与素养相结合”作为电子商务人才培养方案的主线。

（二）人才培养方案结构模式的选择

人才培养方案的结构模式从某种意义上来说是指专业教学计划的结构模式，即学校按照怎样的横向关系与纵向关系进行教学课程的排列，这是制订人才培养方案的重要问题。目前，人才培养方案结构模式主要有“楼层式”“平台式”“一体化”三种。“楼层式”即“基础课—技术基础课—专业课—专业方向课”的结构模式；“平台式”即“公共基础平台—专业大类基础平台—专业课程平台”的结构模式；“一体化”即“融合知识传授、职业能力培养与素质提高为一体”的结构模式。

上述三种模式中，“一体化”的结构模式是目前较为普遍的一种，也是效果比较突出的一种。与前两种模式相比，该模式具有诸多优点：其一，具有系统综合的知识结构——“平台＋模块”式结构。其中的平台是公共基础课平台、学科基础课平台，是按照组成学科专业建立的大基础教育两级平台；模块是专业知识体系的内容分解，并按其结构与功能组合成各种课程群。这种设置体现了“拓宽基础面，夯实基础层”原则。其二，理论联系实际。每一个课程模块大都有与之对应的实践教学环节，包括实验、见习、实习、课程设计。而实践教学环节贯穿整个培养过程，直至毕业实习。其三，普通教育平台。设置人文社会科学基础与自然科学基础模块，加强思想政治素质、科学文化素质与身体心理素质的教育与培养，特别是在实践教学中更要重视专业素质、职业道德的教育与培养。综上所述，学校可选择具有诸多优点的“一体化”的人才培养方案结构模式。

第二节　开发电子商务课程资源

一、制订课程资源开发计划

开发电子商务课程资源对教学来说是必不可少的，这有助于扩大学生的知识领域，使学生吸纳知识的途径从一元变成多元。但电子商务课程资源的开发不能是盲目的，也不能仅仅关注当前或者本校的教学，应该有一个宏观的计划，这就需要在确定课程资源开发内容之前优先制订课程资源开发计划。一般而言，电子商务课程资源开发的计划可分为三个阶段：第一阶段为课程资源库的建设阶段；第二阶段为课程资源库的应用推广阶段；第三阶段为课程资源库的持续更新阶段。

（一）课程资源库的建设阶段

第一阶段主要是对课程资源库进行建设，建设的内容主要包括：教学资源库框架的构建，这是资源库建设的基础；课程教学资源、素材教学资源的开发制作，这是资源库建设的核心，是教育教学活动中需要用到的主要资源；资源库网络平台的搭建，该平台的建设能够方便教师更快地从资源库中搜集自己教学所需要的资源，同时可以开放学生端口，方便学生借助平台进行自主学习。

（二）课程资源库的应用推广阶段

课程资源库在建设完成之后，便可以逐步进行应用和推广。应用和推广可以从以下两个角度展开。

1. 从应用推广的对象角度展开

课程资源库的第一应用对象是一线教师及其他教育工作者，借此提升教师的教学水平以及学校的教育质量；然后，可以将资源库应用的对象范围扩大到电子商务企业以及电子商务培训机构，以丰富电子商务企业以及电子商务培训机构的培训资源，使更多电子商务的学习者能够享受到更加高效、丰富的电子商务课程资源。

2. 从应用推广的范围角度展开

课程资源库的应用范围首先限定在本校范围内，这既是应用阶段，也是验证阶段，更是完善阶段。当课程资源库在本校的应用取得明显的效果，并获得逐渐完善之后，便可以将其应用的范围进行推广扩大，推广的范围依次从市到省，最终到全国，从而扩大该资源库的受益面。

（三）课程资源库的持续更新阶段

课程资源库的建设并不是一旦建成就可以一劳永逸，而是一个持续的过程，是一个一边建设一边应用、一边充实一边完善的过程。尤其对于电子商务专业的课程资源库来说，电子商务行业的快速发展促进了知识更迭速度的加快，如果课程资源库不随着电子商务行业的发展进行持续的更新，其资源内容将会因为陈旧和落伍而满足不了教学需求，最终影响教学质量。因此，学校要秉承边用边建的原则，对课程资源库进行持续的更新。一般情况下，课程资源库每年更新的比例不能低于 10 %。在具体内容的更新上，学校可以通过校企合作以及市场化运作，分析资源内容更新的方向，进而更好地维持资源库良好的、可持续的运行。

二、确定课程资源开发的内容

（一）专业教学资源

1. 专业教学资源开发前的调研

学校从电子商务专业人才培养的目标定位出发，设计相关的调研方案，然后进行全国范围的调研，分析并了解全国不同地区、不同行业对电子商务人才需求的情况。同时，了解电子商务专业毕业生就业的现状，最后，以此作为专业教学资源开发的一个参考依据。

2. 课程教学资源的开发

学校基于实际情况，考虑教学实施的需求，以各年级各单元的内容为核心，形成与学习单元相匹配的教学资源。具体来说，课程教学资源的研制包含以下内容。

(1)课程标准

课程标准是规定某一学科的课程性质、课程目标、内容目标、实施建议的教学指导性文件。课程标准与教学大纲相比,在课程的基本理念、课程目标、课程实施建议等几部分阐述得更详细、明确,特别是提出了面向全体学生的学习基本要求。每一门学科都有与之对应的课程标准,学校应该在遵守教育部制定的课程标准的基础上,制定更具针对性的课程标准,为后续课程资源建设以及教学的实施提供基本的框架标准。

(2)教学设计

教学设计是根据课程标准的要求和教学对象的特点,将教学诸要素进行有序安排,确定合适的教学方案和计划,一般包括教学目标、教学重难点、教学方法、教学步骤与时间分配等环节。

(3)教学课件

教学课件是以课程内容为基础开发的与之配套的教学资源,它能够帮助学生更好地融入课堂氛围,也能够帮助学生更好地理解知识,从而帮助教师更好地开展教学工作。用电脑、投影仪或者电子白板等视频工具,放映与本课相关的教学资料,如图片、文字、音频、视频等都属于教学课件。

(4)教学录像

与教材内容相配套的教学录像方便学习者随时进行观看,可以使学生有效地完成自主学习的任务。教学录像既包括某一单元知识内容的完整录像,也包括某一知识点的短视频录像,这种短视频录像又被称为“微课”。微课如果用于课堂教学,其实也可以将其归属为教学课件的范畴。

(5)演示录像

相比于教师单纯的口述,有些教学内容通过教学录像进行演示可以起到更好的效果,因为演示录像更加直观,而且方便学生反复观摩。从某种层面上来说,演示录像也可以归属为教学课件的范畴。

（6）学习任务工单

以各年级各单元的学习内容为单元，针对学生的自主学习开发学习任务工单，引导学生自主学习，培养学生自主学习的主动性与积极性，从而在提高学生学习效率的同时，提高学生的自主学习能力。

（7）测试习题

同样是以各年级各单元的学习内容为单元，开发与之对应的测试习题。虽然目前市场上针对电子商务不同阶段的教学都有与之相对的测试习题，但这些习题为了更广泛地推广，一般将重点放在普适性上，缺乏一定的针对性，所以还需要学校针对自身的教学计划以及教学资源开发更具针对性的测试习题。

（8）电子商务企业案例

电子商务的教学不能局限在教材内。为了使学生更好地理解知识，也为了提升学生对知识的应用能力，同样要以各年级各单元的学习内容为单元，开发与教学内容相匹配的电子商务企业案例。

（二）拓展功能模块

拓展功能模块是职业资格认证推进“双证书”（职业资格证书与毕业证）制度的核心要素，是职业资格培训和技能培养的关键环节；校企合作是职业院校谋求自身发展、实现与市场接轨、大力提高育人质量、有针对性地为企业培养一线实用型技术人才的重要举措；就业是学生、企业和学校三方关注的焦点，是教育与培训的落脚点。因此，学校在网络平台嵌入职业资格认证、校企合作服务和就业信息服务三个功能模块，可以丰富资源库网络平台功能，为学生、教师、企业员工和社会学习人员提供信息支持。拓展功能模块包括职业资格认证模块、校企合作服务模块、就业信息服务模块三个方面。

1. 职业资格认证模块

针对电子商务专业，国家提出了职业资格认证标准，根据不同的职业等级有不同的标准。目前，我国电子商务等级有四级：电子商务员（国家职业资格四级）、助理电子商务师（国家职业资格三级）、电子商务师（国家职业资格二级）、高级电子商务师（国家职业资格一级）。进一步来说，职业资格认证模块的开发包括职业资格认证体系、样题库、考务指南等内容。

2. 校企合作服务模块

校企合作在电子商务教学中发挥着重要的作用，校企合作服务模块的建设有助于提升校企合作的效果。具体来说，该模块的建设可以集中展示电子商务技术应用专业领域的国内外著名企业及其技术标准、工作案例、技术培训教学资源等，满足企业品牌宣传、客户培训、员工终身学习、高技能人才引进等多方面的需求。

3. 就业信息服务模块

就业是学校人才培养的最后环节，也是一个重要目标。在该模块中，学校发布一些与就业有关的内容，如就业政策、职业规划、就业指导等，帮助学生进一步加强对就业的了解。另外，该模块还可以充当连接学生与企业的一个桥梁，即企业可以通过学校发布其岗位需求信息，学生通过浏览企业发布的岗位信息选择自己喜欢或适合自己的企业岗位并投递简历。总之，建设就业信息服务模块可以为学生提供与就业相关的咨询与服务，帮助学生更好地实现从毕业到就业的过渡，避免出现“毕业即失业”的情况。

第三节　改革创新教学模式

一、教学模式创新之“双元制”教学模式

（一）“双元制”教学模式

为适应新的经济发展形势和社会建设需要，坚持立德树人、加速培养优秀的电子商务专业人才就变得十分重要。传统的“学徒制”是一种在实际生产过程中以言传身教为主要形式的技术技能传授方式，但因它不适合大规模现代化生产而逐渐被淘汰，而现代的高等教育又很难培养出技术技能型人才。于是，在吸收传统

“学徒制”优点的基础上，把现代教育模式融于其中，便产生了“双元制”这种培养人才的模式。从本质上讲，“双元制”强调“做中学、做中教”，通过“工学交替、双导师育人”，校企联合招生招工，教师与师傅联合传授知识技能等方面的实践，探索适应学生、学校、企业需要的人才培养模式。“双元制”教学模式的应用能够有效缓解新常态下电子商务行业企业人才缺乏的压力，全面提升学生的职业素养和技术技能，推进高等教育体制机制创新，促进招生制度、管理制度、人才培养模式、教学模式和评价制度改革，实现学校、企业和学生三方共赢。

在“双元制”的教学模式中，“招生即招工、招工即招生”，学生成为企业准员工，企业给学生提供创业资金、创业技术、创业空间，帮助学生进行电商创业。学生入校后，从第一学期开始，企业逐步安排学生完成公司注册，支持学生自主创业。做到“真学本领、学真本领”，切实解决学生的就业、创业等问题。

（二）“双元制”教学模式实施的策略

1. 校企招生招工一体化

校企共同研究招生与招工方案，共同参与招生宣传，共同组织考核录取。每年开始招生时，学校审核学生中考成绩和初中毕业证，企业管理人员对入围学生进行面试，实现招生招工一体化，完成“双元制”电子商务专业招生工作，组建两个试点班级。与此同时，完善学校招生录取和企业用工一体化的制度，规范学校招生录取和企业用工程序，明确学生和学徒的双重身份。学校、企业、学徒及监护人共同签订三方协议，确定学徒岗位、教学内容和就业方向，落实学徒人身意外伤害及工伤保险、学生实习责任险。建立严格的岗前培训和准入制度，改革评价模式，切实提高学生的职业素养及就业创业能力。

2. 以创业带动就业的教学实践

企业帮助每一位学生在校期间注册成立自己的电商店铺。在创业过程中产生的平台注册、电商平台押金、店铺运营等费用，全部由企业承担，实现学生创业零投资、零风险起步。同时，在综合实训（电商运营）中，企业提供电商平台和资深专业员工，资深专业员工作为兼职教师实施教学，并由校内专职教师配合，实际运营企业平台，课程考核直接以平台运营情况（平台经营收入情况、平台浏览情况、平台服务情况）和学生工作情况为考核重点。当学生在校期间学会所有的创业技能，顺利毕业之后，其所在公司的收益权将全部移交给学生本人。这种方式真正做到零投资、零风险，无缝对接社会创业，真正形成政府、学校、学生、企业四方共同受益的多赢局面。

3. 创建“五位一体”的人才培养体系与双元交互递进的技能训练体系

校企探索创建“学生→学徒→准员工→员工→创业者”“五位一体”的人才培养体系，形成“教师、师傅”双元交互递进的学生实践技能训练体系。成立电子商务“双元制”专业教学指导委员会，制定《“双元制”人才培养模式教学指导委员会工作细则》《电子商务专业“双元制”人才培养方案》《“双元制”培养质量监控体系》。按照企业对接学校、工厂对接基地、产业对接专业、师傅对接教师、岗位对接培训的“五个对接”原则，以电商岗位为主线，以主要岗位的工作过程为基础，依据职业资格标准，提炼专业职业能力要素，构建“岗位能力主导型”课程体系。

针对学生技能实训时间不足、人才培养方案中课程设置和教材落后于企业现实等问题，学校可以在人才培养方案中重点设计工学交替和半工半读的教育教学方式，加入电商行业最前沿的电商运营、新媒体运营、跨境电商运营以及短视频运营四门双元课程。与企业联合开发与双元课程配套的双元育人校本教材，推动教、学、做的统一。具体到学生的三年的学习时间中，大致安排如下。

第一学年为学徒职业见习阶段。除了完成必需的基础课程，学生还需要完成美工、运营相关职业技术课程的学习，在学习过程中见习实践。

第二学年为学徒班学生岗位培训与项目教学期。学生在电子商务项目运营过程中，同时接受客服、美工、运营、视频剪辑、直播等岗位的岗位培训、岗位任务训练与指导。校企双导师共同完成学生课程的制定，并同时进行教学。每周企业导师下发企业周计划，按照企业周计划校企双方共同进行周课程研讨，确定课程内容。

在课程实施过程中,每天组织集中的学习及实战交流分享活动。学生除了完成课程内容学习,还需要根据周任务工单进行自学,并且每周学生根据自己的周任务进行工单的编写,教师对学生周工单进行评价评分。具体的教学过程融集中讲授、企业培训、项目教学、岗位项目实战和岗位轮训及岗位达标考核等多种教学组织形式为一体,让学徒在真实工作情境中获得知识,提升自身的职业技能。

第三学年为学徒顶岗实习期。在本学年学徒实现以线上标准化、线下个性化岗位培训为主要特征的学徒培养与能力认证模式。本学年所有学徒进入电商企业进行顶岗实习。与此同时,一批学生进入校内外创业孵化基地,进行"双创"实践活动。

4. 校企互聘推动师资队伍建设

校企建立"教师、师傅"双元交互递进的技能教学管理体系,制定电子商务《"双元制"导师工作职责》《"双元制"师傅工作职责》;建立师徒结对档案,明确教师、师傅的责任和待遇,教师、师傅承担的教学任务纳入考核,享受相应的带徒津贴。

校企双方以教师技术技能实践、集中专题培训为主要形式,实施学校与企业管理人员双向挂职锻炼,提高专业教师的实践能力和理论教学水平,建设高素质、专业化师资队伍。建立健全双导师的选拔、培养、考核、激励制度,形成校企互聘共用的管理机制。建立完善灵活的人才流动机制,校企双方共同制定双向挂职锻炼、横向联合技术研发、学术交流、课题研究、专业建设的激励制度和考核奖惩政策。

5. 打造校企协同育人机制

学校应深入电子商务企业一线,了解企业用工需求,形成企业用工调研报告。校企双方成立校企协同育人工作小组,共同制定、签署《电子商务专业"双元制"项目合作协议》,在联合招生、共同培养、多方参与评价的双主体协同育人等方面明确校企双方的工作职责、成本分担。发挥校企协同育人工作小组的作用,统筹利用好校内外教学资源,推动"双元制"工作正常进行。校企协同育人工作小组自查自评协同育人机制落实情况,形成可供借鉴的"双元制"长效育人机制。

6. 建立健全协同育人管理制度

建立“双元制”试点领导小组和工作小组，制定管理流程，健全管理制度。建立健全与“双元制”相适应的各种规章制度，如招生招工、兼职教师聘用、实习教学、师徒结对、学分认定、弹性学制、技能评定等方面的管理办法。校企共同制定《“双元制”招生管理办法》《“双元制”指导教师管理办法》《“双元制”学生实习管理制度》《学生实习安全措施与违纪处理办法》《学分制和弹性学制管理办法》《企业导师管理办法》《双导师遴选管理办法》《师带徒管理办法》《学徒实习安全管理办法》等相关制度。同时，制定《学徒管理办法》，保障学徒权益，根据教学需要，科学安排学徒岗位、分配工作任务，保证学徒合理报酬。落实学徒的责任保险、工伤保险，确保人身安全。

7. 建立考核评价机制

校企双方制定实践技能考核标准，设计对学生、教师、师傅、企业等进行评价的表格。以能力为标准，改革以往学校自主考评的评价模式，制定《电子商务专业“双元制”培养质量监控体系》。在具体实施过程中，将理论考核与操作考核相结合，将学生自我评价、教师评价、师傅评价、企业评价、社会评价相结合。积极构建第三方评价机制，每年 5 月和 11 月，通过行业、企业或邀请第三方机构等对学生岗位群实践技能进行达标考核。学生成绩由四部分组成，分别为在校理论学习考试成绩、在校表现的教师评价（包含课程考勤、平时成绩、课堂表现等）、在企专业能力的考核评定、在企个人表现的师傅评价（包含实训出勤率、平时实训表现等）。

此外，学校还可以以“1+X”证书制度为载体，依托合作企业的职业能力测评系统，对学生综合素养、学习效率、课程实践、职业前景等多方面进行测评。经过培养培训，学生可获得合作企业颁发的“1+X”证书，也可自行报考电子商务相关技能等级证书，从而切实提高学生的就业基础能力、岗位核心能力、职业迁移能力，实现“人人有技能，个个有特长”的目标，引导学生全面发展。

二、教学模式创新之任务驱动型教学模式

（一）任务驱动型教学模式

任务驱动型教学模式是一种基于建构主义理论的教学方法，是指以任务作为教学的导向，教师通过设置不同的任务，使学生独立或通过合作的方式完成任务，最终掌握知识并获得能力的提升。有学者为了让教育工作者更为简洁地理解任务驱动型教学模式，将该模式中的“任务”解读为“让学生在课堂上围绕学习目的，对语言进行初步理解、再处理、最终生成自我感知后进行课堂互动的作业”。当然，任务驱动型教学模式中的“任务”绝不是一般意义上的“课堂作业”那么简单，它是具有实践特色的、与生活阅历挂钩的、符合课堂教学内容的一项工作、一个难题，可以是习题，可以是案例，也可以是游戏，更可以是一个场景。总之，“任务”的形式是多样的，其内容也是非常丰富的。

任务型教学模式与传统的教学模式相比，能够为电子商务课堂注入新的生机，加强、提高电子商务课堂的教学质量。具体而言，该模式实施的意义有如下几点。

其一，有助于提高学生学习的主动性，培养学生的探究能力。在课堂教学中，“任务”的布置有助于学生主动性的发挥。因为学生的学习不再是漫无目的地等着教师灌输，而是需要带着任务有目的地进行探究。在学生针对问题进行探究的过程中，无论是学生独自探究，还是通过小组的方式合作探究，都有助于提高学生的探究能力，尤其是学生以小组的方式进行的合作探究还能够培养学生的合作能力，这对学生综合素养的提升大有裨益。

其二，有助于提高教师专业素养，拉近师生距离。对于教师来说，也需要不断地提升自我，以适应时代发展对教师的要求。在传统的教学模式中，很多教师习惯了因循守旧，十年如一日地讲述知识，教学能力虽然在逐渐提高，但有些专业性的教学素养却没有得到提升。而新的教学模式的应用迫使教师走出原来的“舒适圈”，教师需要接受和学习新的教学方法，这对于教师来说本身就是一个提升。另外，该模式的运用是围绕“任务”展开的，学生在针对“任务”进行探究的过程中难

免会遇到各种各样的问题，而教师并不是布置完“任务”就可以撒手不管了，还需要随时关注学生探究的情况，然后针对学生存在的问题予以解答。这样增加了师生互动的频率，对于拉近师生距离、促进师生关系健康发展也起到了一定的作用。

其三，有助于提高学生就业率。任务驱动型教学模式以“任务”为导向，学生在课堂学习中不再处于一种“碌碌无为”的状态，而是在“任务”的驱动下积极主动地进行学习，这有助于学生掌握知识和提升素养，从而使学生达到企业的用人标准，进而提高毕业生的就业率。

（二）任务驱动型教学模式实施的策略

1. 正确认识任务驱动型教学模式，合理安排教学内容

认识是实践的基础。作为教育工作者，教师在教学实践中表现出的行为，从某种层面上来说是教学认知的外在体现，所以要有效地实施任务驱动型教学模式，教师首先要正确认识该教学模式。而提高教师对该教学模式的认知途径有两个：一是教师自我学习、自我提升；二是对教师进行培训。教师通过这两个途径提升对任务驱动型教学模式的认知之后，才能够合理地安排教学内容。

2. 均衡理论与任务的权重，切忌顾此失彼

任务驱动型教学模式适合电子商务这种实务类的课程，但这并不代表该教学模式适用于所有内容的教学。因为电子商务课程中也有理论内容，而且“任务”的进一步讲解有时也需要结合理论展开，才能达到最佳的效果。传统教学模式“重理论、轻实践”，顾此失彼，但一味“重任务、轻理论”同样是一种顾此失彼的表现。因此，在教学过程中，教师要均衡好理论与任务的权重，使学生既能够通过对任务的探究掌握知识和能力，又可以在理论知识的讲解下将知识系统化，实现全面的发展与提高。

3. 正视学生的个体差异，进行拓展和延伸

各个阶段的学生都存在性格、兴趣、能力等方面的差异。教师要正视学生个体之间的差异，虽然在任务的布置中很难针对不同的学生制定不同的任务，但教师可以让学生在完成任务的基础上自主进行拓展和延伸，以此充分体现学生的个体差

异。当然,教师在策划任务驱动型教学模式时,就需要进行充分的考虑。教案中不仅要包括专业知识,还需要包括在专业知识的基础上对任务进行拓展和延伸的一些内容。因为很多学生对于如何拓展和延伸或许没有思路,这时就需要通过教师的引导,激发学生的逻辑思维,引导他们以自己的思维方式进行思考、拓展、延伸。在学生进行拓展和延伸的思考之后,教师还应该让学生勇于发表自己的想法,然后予以点评,教师的点评要以鼓励为主,因为拓展性的内容不分对错,其目的就是发散学生的思维,展现学生的个性。如果教师过于纠结对错,只是站在自己的立场简单地给出判断,这样只会打消学生的积极性,影响任务的延伸效果。

4. 客观评价学生的学习效果,提高评价科学性

任务驱动型教学模式的最后一个环节是评价,即对学生学习效果进行评价。在传统教学模式中,教学始终以教师为主体,教学评价也是以教师评价为主。而在任务驱动型教学模式中,针对学生学习效果的评价不再局限于教师一人,而是采取“三主体”的评价模式,即教师评价、学生自评和同学互评。“三主体”的评价模式尊重学生的主体地位,引入了更多的评价主体——学生,能够使评价更加客观和科学。虽然从专业性上来说,学生评价的专业程度较低,但学生评价能够为教师提供更多了解学生的视角,这是教师一个人所不能实现的。而且随着“三主体”评价模式的实施,学生的评价能力会得到逐步的提升,其评价的专业度也会逐渐提高,进而使评价更具科学性。

三、教学模式创新之实训教学模式

(一)实训教学模式

实训教学是指为了熟练掌握某种技术或技能而在真实或仿真的环境中进行反复训练的一种教学模式。主要包括对学生进行单项能力和综合技术应用能力的训练,也包括职业岗位实践训练,其目的在于全面提高学生的职业素养,达到学生满意就业、企业满意用人的目的。作为实践教学的一种模式,实训教学模式与“双元制”教学模式有相似之处,但二者并不能简单地画等号,在具体实施中教师要注意区分。

与传统教学模式相比，实训教学模式同样具有诸多优点。具体而言，其应用到电子商务教学中，有如下几点意义。

其一，有助于实现电子商务人才培养模式的新突破。学校通过实训教学模式的建设，以提升学生电子商务运营能力为目标，以专项教材资源开发为起点，以项目运营服务为特点，可以对电子商务人才培养进行全过程立体化支撑；同时，可以强化学生的就业竞争力，培养学生的创业能力，深度强化学生的职业意识、风险意识、决策意识。该教学模式致力于打破传统办学和教学模式，培养高素质技能型人才，加速推进学校专业建设内涵发展，全面实现人才培养模式的新突破，增强学校服务社会和服务产业的能力，助推区域经济发展。

其二，有助于提升学生将知识转化为实践技能的能力。实训教学模式结合我国一线教育者的研究精华和实训教学的典型案例，找到电子商务企业实践与课堂教学的整合点，即将企业真实商业环境、技能实践真实场景等融入课堂实践之中，从而在技能实训中提升学生将知识转化为实践技能的能力。

其三，有助于促进教师理论知识与实战能力的融合。为了更好地开展实训教学，学校必然要结合企业真实场景以及教学情况进行项目建设。在项目建设过程中，企业专业人士以及教师必然会全程参与其中，而教师通过与企业实战专家面对面沟通，可深入地了解电子商务企业真实的项目运营情况，掌握企业对所需人才的要求。另外，通过参与项目，教师也可以丰富实战经验，把理论知识与实战能力有机结合起来，从而能够更好地服务于日常教学。与此同时，学校通过辅助教育专家、企业实战专家的专项培训，也能够促进师资队伍整体水平明显提高，强化师资队伍建设。

（二）实训教学模式实施的策略

1. 将电子商务企业真实应用项目引入教学，创建学校、行业、企业多元主体参与的实训教学模式

学校依据国家、行业、企业电子商务标准，结合电子商务技能竞赛项目，改革传

统课堂教学模式，构建全新的电子商务实践教学系统。结合“把专业建在产业链上”的办学先进理念，通过建设学校真实电商商业环境实训教学区、仓储物流区、专业化摄影棚、接待区、会议区、创客教育区等电子商务综合实训室，并引入校园商城 App 平台、微信小程序商城平台、Web 端商城平台和配套供应链管理 ERP 实训平台，加快校企合作，深化产教融合，构建特色鲜明的电子商务专业人才培养方案。

学校以电子商务真实应用项目为基础，采取以学生为主体的项目教学的主要教学方法，进行多样组队、团队协作的阿米巴模式独立经营，依据这些构成要素展开教学实践。这样的教学模式可使不同的团队充分发挥各自无限的创意，即使是同样的商品，也能制作出完全不同风格的作品，完全展示出项目教学开放式的无穷魅力。

2. 让更多不同专业的教师参与到实训教学中来

电子商务专业的学生绝大多数不具备美学和设计方面的专业知识，对网店美工有一定的畏难情绪。他们单纯模仿教师给出的设计创意，能在熟练操作的基础上顺利完成临摹任务。但到课程中后段，当教师要求他们按照企业需求自行设计店铺广告时，很大一部分学生信心不足，作品大多也乏善可陈，让人眼前一亮的更是凤毛麟角。并且，由于学生接触商品营销知识不久，对理论知识还不能做到学以致用、活学活用，因此在商业广告文案和软文推广等方面还存在非常大的提升空间。这就需要更多的如美术、文案写作和市场营销等专业的教师参与到实训教学中，多方协作，才能真正提升学生电子商务项目的设计水平。

3. 课时整合，创建全天性真实应用驱动下的实训教学方式

调整实训教学课时安排，打破传统 45 分钟的课堂教学模式，将专业实训课课时整合，进行全天性、全真性的技能实践，给学生足够的时间反复实践、练习、运用，帮助学生真正将操作转化为技能。实训教学在电商企业专业人员的参与下，基于阿米巴企业管理模式，融入真实的 OTO 电子商务环境，将电商企业中各岗位真实的工作过程运用于实训教学，把实训变为实战，有效地激发学生的学习兴趣。在实战的过程中培养学生的团队合作精神，切实提高学生电子商务技能水平。

第四节　打造专业型师资队伍

一、明确电子商务专业师资队伍建设的原则

师资队伍是提高学校教学质量的关键，也是学校人才培养的一个重要支撑，所以打造专业型的师资队伍同样非常重要。当然，建设专业型师资队伍并不是一件简单的事情，而是一项复杂的工程，也是一项长期的工程。只有明确一些基础性的事项，才能更好地实施这项工程。

对于任何一项计划来说，目标都是不可或缺的，这是计划实施的最终指向，具有激励、凝聚、指明方向等作用，所以学校还需要明确电子商务专业师资队伍建设的目标。因此，学校在制定目标时，为了使目标科学、合理，需要遵守以下几点原则。

（一）可行性原则

可行性原则就是目标具有实现的可能性。有些学校在制定师资队伍建设的目标时，总是好高骛远，不从实际出发，制定一些“假、大、空”的目标。到了具体实施的过程中，因为目标不符合实际，常常是无从下手，最后不得不更改计划或放弃计划。目标的制定并非不可以“大”，但“大”的目标要有与之相匹配的“长”的时间，即将“大”目标定位为长远目标，然后在长远目标的基础上制定中期目标和短期目标。中期目标和短期目标的制定就需要学校充分考虑办学水平、现有师资基础、行业发展等实际情况，形成现实可行的师资队伍建设目标。

（二）时限性原则

时限性原则是指目标的实现要有时间限制，如到 2025 年要实现怎样的目标、达到怎样的标准，这里的“2025 年”就是一个时间限制。时间限制的作用一是为了督促，二是便于考核。在制定目标之后，如果没有时间限制，相关人员便不会产生紧迫感，这会影响目标实现的进程，所以必须结合不同阶段的目标设置相应的时间限制。

（三）明确性原则

明确性原则就是要用具体的语言清楚地说明要达到的程度或标准。明确的目标是计划成功的一个重要因素。很多时候计划的失败都是因为目标模棱两可，或没有将目标有效地传达给相关成员。目标本身就是行动的一个指南针，指引着人们前进的方向，但如果这个“指南针”本身就存在问题，又怎么能够正确地指引导方向。因此，学校在制定师资队伍建设的目标时，一定要将目标明确化，切忌出现模棱两可、表述不清等情况。

二、打造专业型师资队伍的具体路径

（一）多种培训方式相结合

对教师进行培训是提高教师专业能力的有效途径之一。为了提高培训的效果，学校应将多种培训方式并行，切忌依赖某种单一的培训方式。目前，电子商务专业教师的培训方式主要有校内培训、高校进修培训、校际交流和企业定岗培训四种。

1. 校内培训

校内培训是教师培训较为普遍的一种方式。学校结合教育发展现状以及教师发展情况不定期对教师进行培训。培训的内容既包括教师专业方向，也包括教师教育的大方向。例如，随着科技的进步，教育教学手段和设施也不断向高科技方向发展，学校利用假期时间更新了所有教室的黑板，从原来的普通黑板变成了集黑板、电视、投影、电脑于一体的“智慧黑板”。这次培训的目的是让教师了解“智慧黑板”的使用方法，在教学中充分发挥新设备的功能，提升教学水平，提高教学质量。“智慧黑板”功能强大，是数字化校园建设中添置的又一教学利器，它将进一步促进学校现代信息科技与课堂教育的深度融合。参加培训的教师表示，从新的教学方式中感受到了“智慧黑板”给教学带来的便利，体会到了数字化校园的巨大魅力，同时对自己提出了更高的要求。

2. 高校进修培训

我国很多省份每年都会由教育厅牵头主办一些教师培训项目，每个学校按照一定的选送标准，从校内选送一些教师参与培训，从而起到提高教师专业能力的作用。当然，这样的培训项目并不是很多，而且能够选送的教师名额也有限。所以为了鼓励更多的教师自主到高校进修，学校可以制定一些激励的政策，对于主动提高学历层次的教师予以适当的奖励，并与晋级、评优挂钩。

3. 校际交流

校际交流是不同学校之间开展的学习交流活动。通过学习彼此的成功经验，促进自己学校教育水平的提高。在这个过程中，校际的教师通过相互授课、听课、说课、研讨等活动，实现教师能力的提升。

4. 企业定岗培训

企业定岗培训就是将教师安排到电子商务企业之中，让教师从封闭的学校中走出去，也从单调的理论知识中走出去。教师到企业的第一线体验电子商务企业相关岗位的工作情况，了解电子商务行业的市场情况，从而促进教师对现实岗位中知识与技能的了解，提高教师的实践教学能力。为了提高教师到企业进行定岗培训的积极性，学校可以采取“双薪双聘”的方式，即与企业签订教师定岗培训协议，企业需要支付教师一定的薪酬。与此同时，学校照常支付教师的薪酬。当然，教师到电子商务企业中不仅充当学习者的角色，还应该充当培训者的角色，即为企业员工提供必要的知识培训，使企业的工作人员也能得到职业素养的提高。这种教师定岗培训的方式对企业和学校而言是一种双赢，而且能够进一步推动校企合作，具有非常积极的意义。

（二）组织管理科学化

要打造专业型的师资队伍，除了采用多种方式对教师进行培训，还需要对教师队伍进行科学的组织管理。

1. 加强领导班子建设

学校的领导班子是整个学校教育工作者的“车头”，他们不仅从宏观层面负责学校的发展，更从微观层面管理每一位教师。从管理的角度看，教师管理属于人力资源管理的范畴，这并不是一件简单的事情，涉及很多专业性的内容。这是对学校领导班子提出的挑战，尤其是要实现科学的组织管理，学校的领导班子需要具备一定的专业的管理知识。因此，实现学校师资队伍组织管理专业化的第一步就是要加强领导班子建设，这是领导班子必须要认识到的一点。

2. 合理运用奖惩机制

奖励和惩罚是管理的手段，适用于任何岗位，也是目前采用最为普遍的一种管理手段。奖惩机制是在心理学的基础上产生的，具有应用的科学性，而且在长期的实践应用中也证明了其效果。但是，我们也同样看到了奖惩机制消极的一面。其实，奖惩机制消极的一面并不源自奖惩机制本身，而是源自其实施的具体措施。如果奖惩不适，势必会导致消极的结果。我们在运用奖惩机制管理师资队伍的时候，一定要掌握一个度，合理地运用这一机制。至于如何把握这个“度”，要遵循及时性、相符性、针对性原则，使奖惩得当，即有功奖功、有过罚过、公平合理。奖励时在以精神奖励为主的基础上，坚持物质奖励与精神奖励相结合的原则，在全校范围内宣传其先进事迹，树立典型；惩罚时也可以采取物质惩罚与精神惩罚相结合的方式。但无论采取哪种方式，一定要客观、公正，否则容易让教师产生抱怨心理。这样便违背了“惩罚是为了矫正”的目的，反而适得其反了。

3. 了解教师间的个性差异，目标明确地进行差异化管理

在教学中我们常常强调学生间的个性差异，其实教师之间同样存在个性上的差异，这是学校领导班子不能忽视的一点。相对于学生来说，教师心理发展已经比较成熟，能够正确看待自己的个性，也能够在自我个性与集体责任之间权衡轻重，不会因为自我个性影响集体的利益，这使得教师队伍的管理比学生队伍管理更加简单。但作为教师队伍的管理者，学校领导不能因此就忽视教师之间的个性差异，比如，在确定班主任的人选时，应该选择性格外向、善于交际的教师，这样才能更好地承担起班主任的工作职责。

（三）“内培”“外引”相结合

“内培”是指对校内的教师进行培训，这是提高教师能力的重要途径。而“外引”则是相对于“内培”而言，即从外部引进教师，丰富学校的教师队伍。目前，国内很多高校都采取“专职教师＋兼职教师”的模式，兼职教师一般由相关企业中的专业人员担任，负责为学生讲解实践内容，从而弥补校内教师实践经验不足的缺陷。在通过多种途径对校内教师培训的基础上，学校还可以从外部引进教师，形成“专职教师＋兼职教师”的教师结构，从而进一步优化师资队伍，提升师资队伍的专业性。

第五节　建立完善的评价体系

一、评价体系建设应遵循的原则

在电子商务专业人才培养中，评价体系也发挥着重要的作用。但传统的评价体系并不完善，这在很大程度上影响着电子商务人才培养的效果。因此，学校应针对自身评价体系存在的问题，进一步完善其建设。为了形成一套可操作的、科学的评价体系，在具体的建设工作中，学校需要遵循以下几点原则。

（一）政策导向性原则

政策导向性原则就是评价体系的建设要以国家关于学生发展的相关政策为根本依据。在深刻领会政策内涵的基础上，结合学校发展现状以及学生发展特点，力求评价体系的建设及后续工作的开展能够沿着正确的方向前进。比如，从所有学生发展的层面看，《教育部关于全面深化课程改革落实立德树人根本任务的意见》提出了各阶段学生发展的核心素养体系，明确了学生应具备的适应终身发展和社会发展需要的必备品格和关键能力。核心素养涵盖三个方面（文化基础、自主发展、社会参与）、六大素养（人文底蕴、科学精神、学会学习、健康生活、责任担当、实践创新）、十八个基本要点（人文积淀、人文情怀、审美情趣、理性思维、批判质疑、勇于探究、乐学善学、勤于反思、信息意识、珍爱生命、健全人格、自我管理、社会责任、国家认同、国际理解、劳动意识、问题解决、技术运用)。在制定评价体系时,核心素养是不能忽视的。另外,从学生发展的层面看,《教育部关于职业院校专业人才培养方案制订与实施工作的指导意见》明确指出,鼓励学校积极参与实施"1+X"证书制度试点,将职业技能等级标准有关内容及要求有机融入专业课程教学,优化专业人才培养方案。总之,这些政策指出了我国教育人才培养的方向,对人才培养评价体系的建设同样具有指导意义。

(二)系统性原则

体系泛指一定范围内或同类的事物按照一定的秩序和内部联系组合而成的整体,是不同部分组成的系统。评价体系之所以被称为体系,自然也是由多部分组成的,所以系统性是其首先要遵循的原则。具体来说,评价体系的系统性就是要涵盖教学的方方面面,同时体现评价的交叉性、综合性等特点。电子商务人才培养不是一蹴而就的,也不是通过某一个方面就可以实现的,需要对人才进行系统的培养。所以相对应的评价也必然是系统的,这样才能满足电子商务人才培养的需求。

(三)可行性原则

这一原则其实是很多计划或策略制定都要遵守的原则。因为只有可行才有意义,如果不可行,不能实现,即便书面上的策略或计划再完美,也只是纸上谈兵、空中楼阁,没有任何的意义。至于怎样才算是可行的评价体系,可以从以下四点思考:其一,学校教学质量评价体系的可操作时间要控制在合理的范围之内,切勿浪费太多的时间和精力,以免造成不必要的资源浪费;其二,学校教学质量评价体系要规范财务资源,在固定的财政范围之内实现学校教学质量评价体系的可持续发展;其三,学校教学质量评价体系要具有可操作性,坚持定量分析和定性分析,对其中的各项内容进行明确规定,指标要具有针对性和科学性;其四,学校教学质量评价体系要有实际效果,能够为学校日常管理和教学活动服务,提升其应用的实效性。

二、评价体系建设的步骤

（一）研究国内外相关文献资料

文献研究法在教研中是常用的一种方法，就是相关人员通过分析国内外相关的文献资料，借鉴其中的成功经验，用以指导自身的教育研究工作。在建设电子商务人才培养评价体系的过程中，相关人员可以优先搜集一些国内外相关的文献资料，然后对文献资料进行系统的分析。评价体系建设倾向于如下几点：其一，评价程序的改变，更加重视过程评价；其二，评价主体的改变，主体从单一趋于多元；其三，评价功能的改变，更加关注学生整体的发展，而不是分数；其四，评价内容的改变，趋于多元和全面。

（二）制定调查问卷并进行调研

为系统了解当前电子商务专业学生职业能力培养现状以及企业对学生职业能力的要求，以便为评价体系的建设提供依据，需要针对教师、学生、企业、学生家长制定调查问卷，并进行调研和分析。调研的范围应尽量广泛，至少选取 5 家学校、10 家电子商务企业，学生家长与教师数量在 50 人以上，学生人数在 200 人以上。

（三）确定评价体系的内容，建设“双线三通”的评价模型

在研究大量国内外文献资料及调研的基础上，确定评价体系建设的内容，构建“双线三通”的评价模型。评价体系的内容包括评价的内容、评价的维度、评价的方式和评价的标准。“双线三通”的评价模型中的“双线”指线上和线下相结合；“三通”则是指对学生的评价要符合学校教育对学生的要求、符合企业等用人单位对学生的要求、符合学生家长对学生成长的期望，实现学校、企业、学生家长三方相通的学生评价模型。

（四）对评价体系进行初步的试点实践

在形成评价体系之后，从众多的班级中选取 1 ~ 2 个班级进行初步的试点实践。在实践中反思、总结该体系的优点与不足的基础上，进行修改和完善，最后在全校范围内推广。对于不同的专业，其中的内容不同，所以在向其他专业推广应用

的过程中，各专业的教育工作者要结合自身专业的特点和要求对评价体系做有针对性的调整。

三、评价体系建设的内容

（一）评价的内容

评价体系中的评价内容包括对学生职业化技能、职业化道德与综合性素养三个方面的评价。

1. 职业化技能

职业化技能主要包括基础技能、综合技能以及创新技能三个方面。

（1）基础技能。指学生应掌握本专业要求的基本技能，这是对学生学习最根本的要求。基础技能要求学生在专业课程上取得合格的成绩，且取得相应的技能证书。

（2）综合技能。综合技能体现在具体的实践操作中，因为实践不同于理论，往往需要综合性的技能。综合技能要求学生能够保质保量地完成实训以及实习的工作任务。

（3）创新技能。创新在当前这个时代显得至关重要，这是很多企业需要的核心能力，也是对学生技能的高阶要求。一般需要学生获得市级以上技能大赛的奖项或者获得技能专利，这无疑具有一定的难度。

2. 职业化道德

职业化道德一般指学生应具备的职业道德。职业道德有狭义和广义之分。狭义的职业道德是指在一定职业活动中应遵循的、体现一定职业特征的、调整一定职业关系的职业行为准则和规范。广义的职业道德是指从业人员在职业活动中应该遵循的行为准则。职业道德涵盖了从业人员与服务对象、职业与职工、职业与职业之间的关系。职业道德是优秀员工必备的基本素质，虽然学生还没有进入企业之中，但同样应该培养相应的职业道德，并对学生的职业道德做出初步的评价。

3. 综合性素养

综合性素养指学生除了具备职业化技能与职业化道德，还应具备的其他素养，主要包括思想政治素养、身心素养和文化素养。

（二）评价的维度

评价的维度，也可以理解为评价体系中对学生评价的角度或者说参与评价的主体，即从以往的一元维度（教师评价）转变为多元维度（教师、学生、企业）。多个维度的学生评价可以为教师提供多个了解学生的角度，从而使教师更加客观、全面地了解学生，进而使形成的评价更加科学、客观和全面。

1. 学生维度

学生维度的评价包括学生自评与学生互评两种模式。

（1）学生自评。学生自评就是学生对自己进行评价，包括对自己的学习态度、学习能力、综合素养等方面的评价。但很多学生对于自我反省并没有认识，不能也不会自我反省，而学生自评形式的出现为学生提供了一个自我反省的机会。虽然在开始阶段学生可能不知道如何进行自我评价，但在教师的指导下，并且随着学生自我评价次数的增加，学生自我评价的能力一定会得到提升。

（2）学生互评。学生互评就是让学生彼此之间进行评价。从某个层面看，自己是最了解自己的人，但人们有时恰恰看不到自己的问题。同学之间的接触相对来说比较密切，相互之间也比较了解，学生之间进行互评，可以为学生提供一个了解自己的渠道，也可以为教师提供一个了解学生的渠道。鉴于学生之间亲密的关系，他们彼此很难面对面地讲出对方的缺点，应采取匿名的方式进行学生互评，这样才能得到最客观的评价。

2. 教师维度

教师维度的评价就是教师对学生进行评价，这是最为普遍的一种评价方式。教师作为学生“传道授业解惑”的“明灯”，具有评价学生的资格，并且教师的评价也具有一定的权威性。但教师面对的是几十个甚至上百个学生，很难对每一个学生都有深入的了解，这会在一定程度上影响教师评价的准确性，因而需要增加其他维度的评价。但如果只站在教师评价的维度上，教师评价改进的方向就是由不同学科的教师成立学生评价小组。因为学生之间存在个性、能力等方面的差异，所以在不同的学科中也可能会有不同的表现。不同学科的教师能够看到同一学生不同的一面，这使得对学生的评价更加全面。另外，教师一个人的精力是有限的，通过成立评价小组可以有效分担教师评价的压力，从而取得“1+1+…+1+1 > n”的效果。

3. 企业维度

学校对学生评价的角度大多是基于理论或者模拟实训，虽然模拟实训能够在一定程度上还原企业运行的场景，以此锻炼和评价学生实际操作的能力，但与学生到企业一线实习仍旧存在一些不同。在学生实习的过程中，企业会有相关人员负责对学生进行培训和指导，他们能够清楚地看到学生实际操作的情况，并据此给予一定的评价，这些评价可以让教师更加真实地了解学生实际操作的能力。因此，在学生评价体系的维度中，企业维度也是不可或缺的。

（三）评价的方式

目前经常采取的评价方式有表现性评价、发展性评价和过程性评价三种。

1. 表现性评价

表现性评价是指通过观察学生在完成实际任务时的表现来评价学生取得的发展成就。该评价方式是在对传统学业成就检测方式进行完善的基础上形成的。传统的学业成就检测方式只关注孤立的知识和技能，忽视了学生能力的发展。而表现性评价则克服了学业成就检测的弊端。它重新回归于学生在教育活动中的完整而真实的生活，强调在完成实际任务的过程中来评价学生的发展，不仅要评价学生知识、技能的掌握情况，更重要的是要通过对学生表现的观察分析，评价学生在创新能力、实践能力、与人合作的能力以及健康的情感、积极的态度、正确的价值观等方面的发展情况。

2. 发展性评价

发展性评价就是以促进学生全面发展为目的的学生评价方式。发展性评价改变了传统评价方式过于强调甄选和选拔功能的理念。它是以多元智能理论、建构主义理论等为基础，追求的不是给学生下一个精确的结论，而是要通过对学生过去和现在状态的了解，分析学生存在的优势和不足，并在此基础上提出具体的改进建议，促进学生在原有水平上的提高，逐步达到基础教育培养目标的要求。

学生的发展是一个过程，这个过程是漫长的，教师需要在这个过程中不断给予学生关注，而不是只关注最后的结果。发展性评价既重视学生的现在，也考虑学生的过去，更着眼学生的未来。所以该评价方式往往通过在各个环节具体关注、评价学生促进学生的发展。

3. 过程性评价

过程性评价关注的是学生的学习过程，这一点与发展性评价相似。不同的是，发展性评价是站在一个比较宏观的视角上（学生整体发展的过程视角），而过程性评价是站在一个比较微观的角度上（学生学习的过程视角）。传统的评价方式关注的是学生的学习结果，但教育工作者很少会考虑导致该结果的原因，很多时候只是下一个结论便草草了事。其实，如果从学习的整个过程上看就不难理解，不同学习结果的出现往往是不同学习方式导致的。二者一个是表层（学习结果），一个是深层（学习方式）。传统评价方式关注的是表层，这种浅层次的评价很难触及深层次的学习方式。但如果学习方式不改变，便很难改变学习结果，最终陷入恶性循环之中。过程性评价关注的是学生的学习过程，即学习方式。通过评价学生的学习方式，使学生认识到自己在学习方式上存在的问题，进而在不断调整与完善中趋向于好的学习结果。

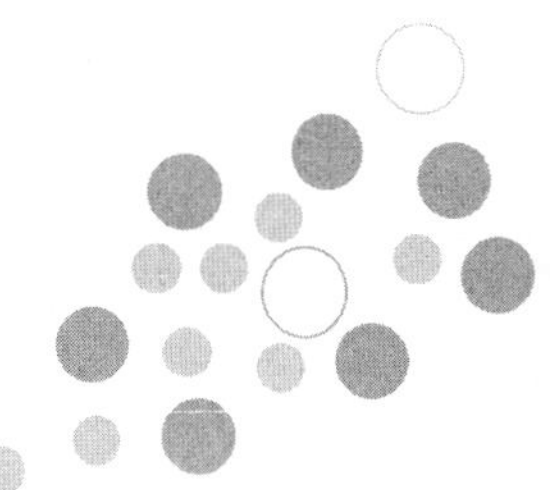

第五章　跨境电商人才技能培养研究

第一节　跨境电子商务人才培养对策

一、人才培养理念创新

（一）加强高校跨境电商专业人才培养

政府应大力推进高校开展跨境电商专业人才培养工作；建立跨境电商专业专项资金建设，引导实力较强的高等院校建立跨境电商专业；鼓励现有国际商务、外贸、市场营销和商务英语等专业人士，根据市场需求向跨境电商方向发展；对于现有的小语种专业人士来说，鼓励发展和培养其具有复合型人才应具备的业务素质，鼓励高校开设满足跨境电商人才需求的小语种专业。

通过高等学校的系统教育，培养出具有良好的国际视野和国际化思维、深厚的国际商务素养、较强的电商专业能力和跨文化沟通能力，能够胜任在拓展海外业务的公司从事跨境电商运作与管理工作和国际商务活动策划，以及在政府相关部门管理跨境电商活动的应用型、复合型国际商务高级专门人才。

从事跨境电商的人才大致可分为三个层次，分别是初级、中级和高级。通过设立跨境电商专业专项建设资金，通过设立跨境电商人才培养基地、成立跨境电商学院等途径，引导有条件的高校开设跨境电商专业（或方向），鼓励现有电子商务、国际贸易、市场营销和英语等专业向跨境电商方向发展转型。以此探索多元化跨境电商人才培养体系，培养形成初、中、高多层次跨境电商人才梯队，破解跨境电商人才短缺的难题。

（二）构建跨境电商人才社会化培训体系

政府部门应加大组织力度，一方面组织指导行业协会、机构、院校、社会培训机构开展跨境电商培训，按培训情况，给予场地费用、资料费用、讲座等费用的补贴；另一方面，要加大企业对员工开展培训的支持力度，开展跨境电商培训，将跨境电商专业知识和企业主流技术与文化融入培训，确保最有效地适应和促进企业发展。总之，政府不但要动员社会力量“做培训”，而且要直接为企业“培训”。为跨境电商企业招聘从事跨境电商业务的新员工签订劳动合同，参加社会保险一年，给予企业新员工一次性固定人员培训补贴。鼓励跨境电商企业增加员工培训投入，提高员工培训成本及占企业成本的比例。

（三）打造专业的跨境电商师资团队

跨境电商人才的培养关键在于专业的跨境电商师资团队建设。为解决跨境电商师资不足的问题，由政府或社会培训机构牵头，组织高校学者、跨境电商行业专家、跨境电商从业精英等组成技能名师队伍，定期开设跨境电商师资培训班，对高校相关专业教师及跨境电商普通员工进行培训，使他们及时了解和掌握跨境电商领域新规则、新技术、新理念、新动态，及时解决跨境电商领域出现的新问题。

（四）开展跨境电商人才校企合作定制化培养

政府要积极推动学校与企业的合作，开展跨境电商人才的定制化培养，解决高校培养目标和跨境电商企业人才需求脱节的问题。鼓励高校按照社会需要，以市场需求为导向，开展教材体系改革、教学内容和教学方式的革新，鼓励高等院校提高学科和产业、专业和就业的适应性。鼓励企业根据自己的人才需求，对相应的高校在师资、技术、学校条件等方面进行合作，建立校企联合培养人才的长效机制。例如，企业可以与有关机构签订定制的培训协议，由学校根据工作人员要求的人员规格和数量，培养创新型、应用型、复合型和技术型人才。学校还可以聘请“企业导师”，实行产学研联合培养学生的“双导师制”，实现三者的有机结合，使生产、教学、科学研究融为一体。

二、人才培养模式创新

（一）培养和引进一批跨境电商领军人物

根据政府跨境电商行业发展战略，实行顶层设计，科学布局，采取“一事一议、一企一策”的办法，培育和引进国际领先的跨境电商领军人才及创新团队，在产业链和中小微型企业发展的推动下，加强“顶尖人才＋重大项目”招商。

（二）组建跨境电商企业与跨境电商人才中介

一方面，传统企业贸易转型需要大批跨境电商人员；另一方面，大量的高校或社会培训机构毕业的跨境电商人才需要找到就业单位，有自主创业倾向的人才需要找投资和货源，企业和人才缺乏对接渠道。建议政府、行业协会、大学和培训机构联合组建“跨境电商人员对接服务中心”，针对跨境电商企业对跨境电商人才需求进行研究，组织开展跨境电商人才组团和企业跨境电商运营对接等活动。

（三）建立跨境电商人才激励和保障机制

1. 改进科技奖励办法

重点奖励对跨境电商产业创新发展有重大贡献的杰出人才和科技成果，推动科技创新由成果供给主导转向产业需求主导。支持高校、科研院所在科研人员职务职称晋升时考虑科研成果产业化的业绩，明确科研成果知识产权的归属，完善利益分享机制，充分调动科研人员将科研成果转化成生产力的积极性，着力解决科技与经济“两张皮”现象。

2. 加强跨境电商人才激励机制建设

对于高层次的跨境电商人才，激励措施有三个方面：一是创业激励。对于跨境电商创业的带头人、跨境电商技术带头人和为跨境电商发展做出重要贡献的人，给予不同程度的奖励；二是团队奖励。对于跨境电商人才队伍，单独设立一批跨境电商人才引进专项资金进行团队建设、资金支持和设备使用，在利用项目资金上给予充分自主权，实施专项评估申请、专项监督运作、专项审计验收制度，形成项目、人才、资金、政策四项一体交互机制；三是生活奖励。增加人才税收优惠力度，对达标的跨境电商高级管理人员、核心技术人才、高端技术人才连续三年部分或全额退还个人所得税。同时，探索跨境电商企业人才奖励制度，如医疗补贴制度、住房补贴制度和抵税制度。

3. 落实跨境电商人才安居保障

通过政府引导的市场化运作，多渠道、多形式解决跨境电商人才住房生活问题。一是实行高端跨境电商企业人才购房资助项目。高端跨境电商人才首次购房可以提供一次性采购补贴，补助金可以通过政府专项资金和企业用人单位的配套资金来发放。二是实施跨境电商人才公寓项目。按照只租不售的原则，在电商产业园、高科技园区、产业集聚区、大学园等区域重点建设人才公寓，为跨境电商人才提供住房出租。对于一些大型企业或有突出贡献的集团企业，可以利用原有的土地建设人才公寓来解决引进高层人才的住房问题。三是完善住房公积金。对于跨境电商企业人才，引进住房公积金补贴政策。

4. 探索人力资本产权激励措施

根据按劳分配和按生产要素分配相结合的原则，考虑到技术、知识、管理等生产要素的贡献，从事专业技术跨境电商业的高端人才通过技术成果等“智力资本”参与分配，对从事跨境电商管理的高端人才按“资本管理”参与分配。具体方式由企业给予专业技术人才和管理人才创新成果的购股和选择权，或根据企业自身情况灵活选择各种个性化激励措施。无论是“资本管理”参与分配，还是“智力资本”参与生产要素分配激励措施，都应与国际市场整合，真正实现一流的人才、一流的绩效、一流的报酬，快速做大做强。

三、人才培养渠道创新

（一）合伙制与社会化协作解决人才问题

综合型人才既是企业推动跨境电商发展的关键，也是最大的瓶颈。对于传统企业而言，旧有的人力模式以及管理模式往往难以吸引跨境电商领域的优秀人才。找到新的方法，破解综合型人才难题是企业发展跨境电商的必经之路。

1. 合伙制凝聚优秀人才

对于真正优秀的人才而言，简单的“职位 + 薪酬”往往缺乏吸引力；传统企业模式裂变性有限，管理方式陈旧，难以招揽优秀的人才（特别是“00后”优秀人才）加入；同时，即使通过金钱的方式吸引优秀人才加入，也经常由于团队氛围的问题，难以长久留住优秀人才。

合理运用合伙人制度不仅可以吸引跨境电商相关的外来优秀人才，快速打造成熟团队，还可以留住企业辛苦培养出的优秀人才，保持跨境电商团队的稳定性及高效性，满足企业凝聚人才、促进发展的现实需求。

做好合伙人制度的5个要素：

（1）寻找合适的合作伙伴。合伙人制度的本质是吸引优秀人才的加入来帮助企业运作发展。在寻找合作伙伴时，除了自己的能力外，还要确认对方是否有共同的经营理念，以确认对方是否高度认可公司企业文化，愿意为公司的使命、愿景和价值观尽一切努力。

（2）建立开放的企业文化。对于优秀人才而言，找到一个平台，让自己能借助平台的力量快速成长，并在平台上获得成就感和归属感才是最终目的。因此，企业需要建立开放的企业文化，以开放包容的心态给予人才充分的信任和支持，让人才与企业之间形成良好的互动。

（3）尊重合伙人意愿。合伙人制度的目的在于凝聚共同的事业伙伴，向着共同的目标前进。合伙人制度应建立在有预期收益、有稳定基础的前提下，而非在企业出现问题时捆绑人才的手段。强制捆绑有可能使核心人才对企业及老板产生不信任感，加速人才流失，加速企业的衰败。

（4）以创业心态驱动合伙人团队。要给予合伙人团队参与企业经营的权利，在企业内部为优秀人才创造创业的条件，变“为别人打工”为“为自己打工”。只有人才参与公司经营决策、融入创业合伙人团队时，才有可能真正找到创业的感觉。

(5)建立合理的分配机制。合伙人制度要秉承"谁贡献,谁分享"的原则,激发有能力的人持续做出贡献,推进企业持续发展。要视合伙人投入的时间精力和对合伙项目本身的投入度来进行利益分配,同时建立系统的进入机制、发展机制、考核机制、分配机制、淘汰机制、退出机制等制度,持续吸引优秀的人才加入,壮大企业的核心团队。

2. 社会化协作发挥自己的特长

跨境电商背景下,社会化分工协作网络越来越精细化。专注于自己的长处,与跨境电商生态圈中不同团队深入合作,往往是成本最低、效率最高的方式。

对于传统制造业企业(特别是中小企业)而言,最擅长的往往是产品,盲目进入跨境电商终端市场,直接面对消费者,既不擅长也缺乏人才团队的支撑。在这种情况下,阶段性地选择业务外包,将终端销售交给专业的跨境电商卖家团队(以下简称"专业卖家")分销,并与之形成紧密的信息回路,从而迭代打磨产品,是较为理性的选择。

淘宝快速发展的背后,是无数家淘宝小店、淘宝"店小二"的崛起。跨境电商也是如此,伴随着近几年的爆发式发展,一大批跨境电商的"淘宝小店"(专业卖家)开始出现。他们熟悉海外目标市场,拥有较强的运营能力,往往在兼顾自身运营的同时,还为其他企业进行分销服务。

(二)社会化培训与政府合作打造专业团队

1. 借助社会培训力量引进专业人才

对于企业而言,独自培养跨境电商专业人才,往往意味着极大的不确定性(特别是传统企业,内部缺乏跨境电商相应的氛围)和高昂的成本(需要较长的时间和迭代试错的成本)。借助以 321 电商学院为代表的社会化培训力量,可以有效地招揽优秀的跨境电商专业人才,并通过团队训练,提升企业整体的跨境电商能力,保持持续的团队竞争力。

2. 主动对接政府资源，善用公共服务平台

面对跨境电商热潮，各地政府纷纷出台新政新规，帮助企业推动跨境电商的发展。在一定程度上，这改变了企业（特别是中小企业）因发展规模较小无法对接优质培训资源及教育资源的局面。关注政府动向，主动利用政府资源，中小企业将有机会获取更多优秀的人才资源，加强团队资源禀赋，推动企业大力建设。

（三）统一共识与氛围打造留住电商人才

1. 统一共识，凝聚团队力量

对于初入跨境电商的企业，特别是传统企业而言，能否自上而下统一共识，认识到跨境电商的重要性，并形成与之相适应的内部氛围是成败的关键。

目前，大多数企业对跨境电商仅仅是战术层面的认知，将其作为企业销售的补充式渠道，没有从战略层面及企业未来发展角度深刻地认识跨境电商，这样的团队运营下的企业跨境电商渠道是无法实现高效、高质运转的。

统一团队认知，必须自上而下，从老板层面开始，首先实现企业高层在跨境电商方向上的同频，才有可能最终形成具有共同目标的核心团队。

2. 培养员工的创业精神

“90 后”“00 后”是跨境电商的主流人群，是在互联网、电商大环境下生长的一代人。作为缺乏跨境电商独立认知能力的老板，要修炼“归零心态”，勇于承认自己在跨境电商方面的不足，尊重以“90 后”“00 后”为主的跨境电商人才：①打成一片，向他们学习跨境电商相关的最新知识和理念；②善于指导，在价值观层面影响员工，成为团队人生导师。

“90 后”“00 后”在相对优越的环境中长大，大多具有和老一辈截然不同的价值观，对父辈一代的艰难岁月往往缺乏体悟，他们更加向往体面的、自由的、个性的、能实现自我价值的生活。通过变革管理机制，导入“自组织”模式，营造企业内部的创业氛围，培养员工的创业精神是凝聚团队、打造可持续竞争力的最佳武器。

“90 后”“00 后”的工作动机不同于父辈，具有多元化的特征：利益需求与情

感需求并重，参与需求与学习需求共有。因此，企业应采取针对性的管理和激励方法，注重满足“90后”“00后”员工的心理期待，注重信息公开和透明，注重员工的参与感，注重利益的分享和命运共同体的构建。

跨境电商的蓬勃发展，吸引了大量的传统企业参与其中，同时也带来了巨大的人才缺口。解决人才困境，单单依靠政府、高校、第三方平台等外部力量是不够的，最重要的还是在于跨境电商企业自身。只有认清跨境电商的长远价值，敢于投入时间不断“修炼内功”，打造开放的、具有创新氛围的、能彰显员工价值的企业，优秀人才才会不断汇集与凝聚，企业的人才问题才会得到根本解决。

四、人才培养的服务方式创新

（一）熟悉掌握英语及小语种的交流能力

亚马逊、eBay等主要跨境电商平台以欧美发达国家为主要市场，国内跨境电商从业人员和海外客户需要在线交流，这对员工英语水平的要求相对较高。据eBay和阿里巴巴的统计显示，美国等传统出口市场仍然是跨境电商业务的热点，而其他一些新兴市场如俄罗斯、西班牙、阿根廷、巴西、乌克兰、以色列等迅速崛起。新兴市场的发展导致对俄语、意大利语、西班牙语、德语和阿拉伯语等小语种的专业人才需求大幅增加。

（二）了解海外客户网络购物的消费理念和文化

跨境电商所面对的是国外消费者，由于文化和生活习惯不同，其消费理念和国内消费者也有很大差异，这就要求跨境电商从业人员对外国买家的采购习惯做一个深入的了解，同时对中国供应商的出口业务状况有一定认识，了解不同行业的采购特点，熟悉某一行业或一类商品的属性、成本、价格和贸易情况，对某些商品的分销、生产、消费者的购买习惯等都有更深入的了解。

（三）了解相关国家知识产权和法律知识

由于我国外贸企业长期处于无品牌贸易和低附加值阶段，侵犯知识产权的现象时有发生，据中国电子商务研究中心统计，有超过60％的跨境电商企业遇到过知识产权纠纷,涉及图片、商标、专利等多种载体。信息发布中还存在着不实的商品价格信息、语言翻译等问题。跨境电商从业人员需要了解各类电子商务相关法律,如《中华人民共和国著作权法》《互联网信息服务管理办法》《中华人民共和国专利法》《中华人民共和国商标法》《网络信息传播权保护条例》等。

(四)熟悉不同跨境电商平台的运营规则

跨境电商有大量的平台,如 B2B 有阿里巴巴等,B2C 有 eBay、全球速卖通等。从业人员必须熟悉各种跨境电商网站的运营规则,具有不同的商业模式的多平台操作技能。在主要电商企业的引流、转化等方面有一定的了解。具备图像处理、文案撰写、广告推广、网络营销、交易纠纷处理、关键词和搜索引擎优化技巧,可以使用网站后台跟踪和客户维护功能。掌握分析相关业务记录的能力,以及基本用户研究和网站数据分析能力。

第二节　跨境电子商务人才出口技能培养

一、跨境电商出口产品选择

对于绝大多数出口跨境电商的卖家来说,首先要回答的问题就是“我要卖什么产品”。销量大的产品竞争店铺太多;价格高的产品销量又上不去;太小众的产品又怕找不到客户。到底要怎么选择出口产品呢?

(一)选择出口产品的原则

选择产品,简称“选品”,是指从供应市场中选择适合目标市场需求的产品在店铺进行销售。选品人员必须一方面把握顾客需求,另一方面要从众多供应产品中选出品质、功能、价格和外观最符合目标市场需求的产品。对于出口跨境电商而言,选品就是要选择适宜通过网络销售并且适合通过航空快递运输的产品,这些产品基本应该符合以下条件。。

第一,市场潜力巨大,利润率比较高。跨境电子商务企业的产品利润率基本是

50 % 以上,甚至是 100 % 的利润。

第二,适合国际物流。比如,产品体积比较小、重量轻、不容易破碎,这样才能方便以快递方式运输,降低国际物流成本。

第三,售后服务简单。需要有使用指导、安装指导等售后服务的产品不适合做跨境出口,因为后续的投诉率和客户服务成本非常高。

第四,附加值较高。价值低过运费的单件商品不适合单件销售,可以打包出售,以降低物流成本。

第五,具备独特性。有自己独立的产品设计,包括产品研发能力、包装设计能力等,这样的产品才能不断刺激买家购买。

第六,价格合理。在线交易价格若高于产品在目的国当地的市场价,或偏高于其他在线卖家,就无法吸引买家在线下单。

第七,不能违反平台和目的国的法律法规,不能是盗版或者违禁品。这种产品不仅赚不了钱,甚至需要付出法律代价。

(二)选择出口产品的方法

1. 主动选品

主动选品是指通过了解目标市场或者对某个行业的分析,主动开发或寻找产品。例如,蓝牙音响,这就要求我们对蓝牙音响产品的整个市场做一个深入了解,包括哪一款是用于低成本走量,哪一款是新开发的,哪一款是好音质、高端、高利润的,根据公司的具体情况来自主决定选择什么样的蓝牙音响,这就是主动选品。

2. 被动选品

被动选品是指参考其他大卖家的数据,查看他们近期销量比较大的爆款有哪些,从而决定自己销售的产品。

3. 从生活日常品入手

要提前对目标市场进行分析,掌握当地人群的饮食习惯、业余爱好以及节假日等基本情况,同时也要参考国内外相关数据信息,为选品提供依据。下面以加拿大为例进行分析。

首先，对加拿大的重大节日进行分析。最常见的就是圣诞节来临之前，大家都会采购大量的圣诞装饰品来布置家、学校、餐饮店、商超等。再比如，万圣节期间畅销的服装、道具等节日产品。对于节假日产品的开发，应选择提前一个月，因为要给商家留足备货的时间，同时，也要注意对物流时间的把控。

其次，季节因素同样重要，一般性的规则是：冬天来临前开发帽子、手套、围巾等保暖产品；夏季来临前准备迷你风扇、散热器、笔记本冰垫等降温产品。

最后，生活习惯方面，可以根据目标市场人群的生活习惯来选品。

（1）加拿大人喜欢创新，愿意为新产品买单。在加拿大，无论是经济发展时期还是衰落时期，消费者都很喜欢新产品。75 % 的人支持创新，67 % 的人称愿意为新产品多付一些钱。报告显示，加拿大消费者在购物活动中购买首次上架的新产品的概率为 13 %，所以品牌需清晰地向消费者展示他们的创新有哪些好处，即新产品必须要引人注目。

（2）加拿大人对家居用品的购买过程持不同意见。较多的加拿大人喜欢购买家居用品，因为 52 % 的购物者称寻找划算交易的过程让购物更加有趣；56 % 的人喜欢在多个店中购物，以寻求最优价格，但随着搭配价格的兴起，这一比例有所下降。仅有 33 % 的购物者称一站式购物的便利比低价格更具诱惑力。46 % 的加拿大人不愿意多去实体店，由此可见，电商购物将成为必然趋势。

（3）53 % 的加拿大人喜欢“纯天然”保健品。对于效果好的保健品，55 % 的加拿大人愿意付出更多的钱去购买；而 53 % 的人称更愿意购买打着“天然”广告语的保健品，因为他们认为这种产品的效果更好。

（4）加拿大购物者信任有机食品，但却不爱买。36 % 的加拿大人承认有机食品更加健康，但是仅有 23 % 的人定期购买有机食品。60 % 的人称如果有机食品没那么贵的话，他们愿意购买更多的有机食品。

（5）品牌忠诚度降低，加拿大人开始追求更优价格。45 % 的加拿大消费者称对品牌的忠诚度不如几年前，一部分原因是产品价格上升，以及加拿大元贬值，所以促销活动比以前更多了。75 % 的购物者称会查看每周的宣传页，而有 40 % 的家居用品购物者每周都会查看数码宣传页。

当然，选品时还有很多其他的依据，譬如目标市场人群的购买能力、喜欢的风格等，多参考这些信息，才能更准确地选品。

（三）货源的选择

出口商品货源的选择有两种渠道：一种是线下货源；另一种是线上货源。

1. 线下货源

线下货源是指在当地可以找到的实体店货源，包括专业批发市场和工厂货源。

（1）专业批发市场

如果资金比较充裕的话，首选在当地专业市场进货。这样有两个好处：一是可以看到商品的质量；二是有库存就不会出现买家想购买某产品却断货的情形。例如：威海是渔具相关产品比较集中的区域，靠近威海的卖家经营渔具产品就能很轻易地找到比较好的货源。如果能够和批发市场的老板多次交易的话，还可能拿到较低的批发价，在有新货或者热销款时，也会较早得到通知。但是无论选择在哪里进货，一定要记住，首次进货一定要多品类，同类商品进一种就可以了，如果销售情况好就再去进货。因此，在专业批发市场进货的优点是方便、运输成本低、可见实物、可议价，且货源比较稳定。

（2）工厂货源

最好能和工厂达成合作，因为那是最好的货源渠道。利用自己的人脉关系，不但可以节省成本，产品售后也有保障，而且在工厂进货可定款、定价、定量，对于未来的发展，工厂货源是最好不过的，缺点是小批量生产对于工厂来说很难合作。

2. 线上货源

线上货源包括两种方式：网上商城批发和做网店代理或代销。

（1）网上商城批发

这是一个比较常见的渠道，因为没有地域的限制，所以比较方便，成本也比较低，且货源比较稳定，易操作，缺点是见不到实物。例如：阿里巴巴上聚集了各类厂家，很多厂家都提供批发的业务，产品也配有图片，不过都要求大量进货，如果前期资金和经验不足，可以在阿里的小额批发区进货，虽然进价会稍微高一点，但是提高销量后再寻找好的货源就容易了。

（2）做网店代理或代销

现在很多电子商务的网站上不仅有做批发的，还提供代理或代销服务，比较适合电商新手，不用什么成本就能将店开起来，但是在找这类代理的时候一定要多对比，因为现在很多网站提供的产品质量没有保障，代理了这样的产品，有问题就会遭到投诉，最后不仅亏了本，还可能会降低店铺信誉。例如，淘宝网上有不少有实力的大卖家，其中有些提供批发或代销服务的，可以找他们多了解一下，看看他们的客户对产品的评价如何，如果质量和货源都比较稳定的话还是可以的。再比如，手机、化妆品，以及计算机周边产品等很多产品都可以从网上买进再卖出，因为这些东西的图片和产品说明都是网上现成的，卖家可以先复制发布产品信息，然后等有人下单再去进货也不迟。

（四）选品注意事项

有许多可在国内自由销售的产品，在跨境电子商务交易中是被禁止出售的，如减肥药。所以，在选择出口电商产品时，一定要先查看平台规则，了解产品政策。下面以敦煌网为例进行说明。

1. 禁限售产品

查看步骤：进入敦煌网站卖家主页面，单击左侧“规则体系”栏目中的“禁止销售（限售）的产品规则”，分别查看规则、解析与案例分析两项内容。

2. 侵权产品

单击左侧“规则体系”栏目中的“禁止销售侵权产品规则”，查看规则、解析与案例分析、相关问答等内容。

二、跨境电商出口平台的操作

(一)店铺注册与认证流程操作

敦煌网卖家在进行店铺注册时,通常要经过五个步骤,即进入注册页面、填写注册信息、手机和邮箱认证、身份认证和银行验证。

1. 进入注册页面

登录敦煌网卖家后台,单击右上方的“免费注册”或者右侧的“免费开店”按钮,进入注册页面。

2. 填写注册信息

根据页面提示,填写真实的卖家信息

填写卖家注册信息时应注意以下几点。

(1)用户名一旦注册成功后是不能修改的,填写时要谨慎。

(2)注册用户名时不能使用联系方式(包括邮箱地址、网址、电话号码、QQ号等)、某品牌名称、名人姓名、不文明词汇等。

(3)注册人年龄必须在18 ~ 70周岁。

(4)目前企业可以注册10个关联账户,个人可以注册3个关联账户。

3. 手机和邮箱认证

在基本信息提交后,页面出现“手机验证”和“邮箱验证”的提示。按照页面提示,输入注册手机号收到的验证码,并登录邮箱激活链接,完成认证。

进行手机和邮箱验证时要注意:

(1)如果长时间未收到手机验证码,可用申请验证的手机编辑短信“申请手机验证—注册用户名—注册人姓名—注册人身份证号”至指定号码进行人工验证。

(2)如果申请验证的邮箱没有收到激活链接的邮件,有可能是该邮件进入了“垃圾邮件”栏。

(3)超过120天未完成手机验证和邮箱验证的账号,系统将自动视为放弃注册，不予开通账号；未通过身份验证且连续超过一年未登录敦煌网的用户，平台有权注销账号。

4. 身份认证

经过手机和邮箱认证后，卖家便可开启电商之旅了。为了保障卖家在网络交易中的安全，防止网络交易欺诈，卖家还应根据认证的身份类型提交对应的身份认证资料。

选择要认证的用户类型，填写内容后，单击“开始认证”按钮，页面会出现身份认证需要提交的资料，卖家根据页面要求上传相关资料。

进行身份认证时要注意：

（1）每种资料只允许上传一张照片，文件大小在2M以内，上传格式可以是jpg、gif、jpeg、png、bmp。

（2）证件都需要彩色原件扫描件或数码照片。

（3）如果身份证丢失，可以提交护照的个人信息页。

（4）个人类型卖家身份认证将在卖家提交认证申请后的1个工作日内完成审核，工厂、贸易公司、个体工商户审核时间稍长。

（5）关联账户将会被连带认证或连带取消认证资格。

（6）上传虚假证件将会被关闭账户。

5. 银行验证

为了保障卖家资金安全，确保卖家的银行账户信息和注册时信息一致，保证卖家在虚拟账户中的资金能够安全、成功地支付到银行账户，敦煌网将对已经通过注册认证的卖家进行银行账户验证。通过了银行验证后，卖家就可以在敦煌网顺利进行提款操作了。

手机认证和邮箱认证成功后，经平台确认了第一份订单时，系统将会提示卖家进行银行验证。

进行银行认证时应注意：

（1）银行验证时间是 1 ~ 3 个工作日，每天上午 10 点，系统会自动打验证款（包括周末）。

（2）卖家需要再将银行验证款回填到后台验证信息中。如果银行信息错误，系统会自动发信息到注册手机进行提醒。

（二）产品信息上传与发布

产品信息是由文字和图片组成的，详细的文字描述和清晰的图片展示可以有效地吸引买家的眼球，增强买家的购买欲。产品信息包括以下几项：产品名称、产品简短描述、产品属性、产品详细描述、产品销售信息、卖家服务承诺、其他信息。

进行产品发布时，首先登录敦煌网，进入“我的 DHgate”，再进入“我的产品”，单击“添加新产品”按钮进入上传产品页面，就可以根据产品填写相关信息了。

敦煌网卖家在上传产品信息时，通常要经过七个步骤，即选择产品类目、填写产品基本信息、填写产品销售信息、填写产品内容描述、填写产品包装信息、设置运费、设置其他信息。

1. 选择产品类目

为产品选择最恰当的类目是成功销售的第一步。如果选择了不恰当的类目，会导致买家无法找到你的产品，你发布的产品也有可能被删除或留下违规记录。

选择产品类目有两种方法：使用关键词搜索同类产品类目和通过类目逐级选择。例如，要发布婚纱的信息，就可以在类目栏里输入“wedding dress”，单击“快速查找”按钮，就会出现相关类目，也可以在页面下方的类目中进行逐级选择。

2. 填写产品基本信息

产品类目选择好以后，进入上传产品信息页面，填写产品基本信息。

（1）标题

标题是匹配关键词搜索、影响产品曝光率的关键，须使用英文填写，标题要清楚、完整、形象。

填写产品标题时要做到以下几点：

①产品标题要包含产品的关键信息及销售亮点，例如：产品名称、性能、特点、颜色、功能等。

②包含此类产品常见的关键词。

③使用空格间隔，避免使用标点符号。

④尽量多填入一些能够让买家在查找物品时会搜索到的词，不超过 140 个字符即可。

⑤对于免运费和批发类的产品，敦煌网会自动标识，因此在标题中不需要写出“Free Shipping”和“Wholesale”。

⑥遵守英文标题的书写规则。

（2）关键词

关键词是用户在使用搜索引擎时输入的、能够概括用户所要查找的信息内容的字或者词，建议使用能突出产品特点和销售优势的词。

关键词的选取方法如下：

①核心词，如 Wedding Dress。

②属性词 + 核心词，如 A–line Wedding Dress。

③修饰词 + 核心词，如 New Wedding Dress。

④利用 Google Adwords 关键词工具或平台的搜索词分析工具。

（3）产品属性

产品属性是对产品特征的补充说明，在填写时要完整，要尽量详细准确地填写系统推荐的属性和自定义产品属性，这样可以方便买家更精准地搜索到产品，提高产品曝光机会，更重要的是让买家能清晰地了解该产品的属性，减少买家的顾虑和沟通的成本，提升交易成功率。

自定义属性默认显示一行，单击“添加更多”按钮便能增加一行，最多可以添加 5 行。

（4）产品规格

产品规格是对产品名称中不能体现的产品参数信息的补充，一般包含关于颜色、尺寸、款式、配件、贸易方式等的关键词，以便买家能搜索到该产品。产品的规格与产品的售价是相对应的，同类产品的不同规格可以有不同的售价，必要时还可以设置“自定义规格”。

3. 填写产品销售信息

在产品销售信息中，需要一次性填写以下内容：销售计量单位、销售方式、备货状态、备货期及产品价格区间。

产品价格区间与前面的“自定义规格”是相对应的，例如：在自定义规格中设置了颜色“red”和“yellow”，那么产品价格可以采用统一设置价格和按颜色分别设置价格两种方式。在设置产品价格时，会出现“买家价格”和“实际收入”，分别表示买家购买此产品的付款金额和卖家售出此产品的收入

此外，在设置产品价格时，还要了解佣金的计算方式。

4. 填写产品内容描述

（1）产品图片

跨境电商网店的产品图片可以在店铺没有做任何付费推广的情况下吸引很多流量，为卖家节省大笔推广费用。为了与其他店铺的产品相区别，可以设置图片水印。

无论买家是通过关键词搜索还是通过类目搜索，最先看到的图片（主图中的第一张）叫首图，首图将会在产品的列表页展示出来。首图能够极大地影响买家在产品页面停留的时间，也极大地影响店铺的转化率，因此要选择能够充分展示产品特征的图片。

当单击“查看产品”按钮时，首图下方出现的就是 8 张产品主图。

上传产品图片时要注意以下几点：

①不得抄袭其他卖家的图片，以免受到平台处罚。

②要尽量有正面、侧面、背面、细节、包装等图片。

③图片格式为 jpeg，大小为 2M 以内，分辨率不低于 400×400，选择正方形且尺寸统一的图片。

④最好传够 8 张图片。

（2）产品描述

产品描述是让买家全方位了解产品并形成下单意向的重要因素，分为产品简短描述和产品详细描述，也被称为“短描述”和“长描述”。短描述主要是使用通畅的语言补充描述产品，切忌重标题及堆砌关键词。长描述是将在产品名称和规格说明中不能涵盖的产品信息进一步展示给买家，将买家比较关注的产品信息展示出来，让买家能尽量多地了解产品，同时也能体现卖家的专业性，进行自我推销。

通常情况下，产品的详细描述包含以下几个方面：

①更多的产品图片。

②产品参数和信息。服装类产品建议描述材质、颜色、测量方法、尺码，有的内容可以根据情况自定义。

③使用说明。

④产品的包装、物流方式等。

⑤售后服务及退换货说明。

⑥关于我们。

⑦其他推荐。

由于面对的是海外的买家，所以产品描述要使用英文编写。也可以单击产品上传页右侧的“在线翻译”将中文产品信息翻译成英文。另外，敦煌网对产品详细描述的要求是：严禁留下任何形式的私人联系方式、全部描述内容不能超过 400K。

5. 填写产品包装信息

（1）包装后的重量级尺寸

填写产品包装后的重量及尺寸务必准确。因为当买家设置了非免运费运输方式的时候，系统将根据所填写的重量及尺寸自动计算出买家应付的运费，错误的重量及尺寸将会导致买家支付错误的运费，卖家有可能因此遭到投诉。

（2）产品计重阶梯设定

产品的运费与产品的包装信息密切相关。考虑到部分产品的包装重量不是完全根据产品的数量等比增加的，所以对于产品包装重量比较大、体积比较小的产品，敦煌网提供了自定义重量计算功能，避免系统计算的运费过分高于产品实际运费的情况。

设置了产品计重阶梯设定后，系统便会自动为买家显示购买数量，可以得出计重阶梯计算出的运费。例如：单个 A 产品包装后的重量是 2 千克，2 件 A 产品包装后的实际重量是 3 千克，3 件 A 产品包装后的实际重量是 4 千克。若不使用计重阶梯计算，买家购买 3 件 A 产品，系统就会按照 3×2=6 千克的产品重量来计算买家需要支付的运费。如果使用计重阶梯计算，将 A 产品的重量信息设置为：买家购买 1 件 A 产品，计重 2 千克；在不超过 3 件时，每多购买一件，重量增加 1 千克。所以如果买家购买 3 件 A 产品，那么系统将按照 2+（3–1）×1=4 千克的产品重量来计算买家应支付的运费。

6. 设置运费

敦煌网的运费设置分为以下四类：

（1）标准运费：物流商的官方报价，是根据产品重量、体积、运费折扣自动计算的全部国家的标准运费。

（2）免运费：由卖家承担运费。这种方式易被买家接受，且具有排序优势，但它只是免除部分国家运费，其余国家是标准运费

（3）自定义运费：卖家设定的运费。

（4）仓库运费：与敦煌网合作的在线发货仓库的报价。

如果是第一次上传产品，卖家可以使用敦煌网提供的“新手运费模板”。“新手运费模板”提供了适用国家多、运费价格低廉的物流方式。

7. 设置其他信息

在设置产品其他信息时,特别要注意的是产品有效期。产品有效期指的是从发布产品信息成功那天开始,到产品信息在平台上停止展示那天为止的时间段。产品过了有效期,若没有及时更新,产品就会自动下架。所以为了保证产品的正常销售,卖家应及时更新产品有效期。

最后单击“提交”按钮,完成产品信息的上传。为了帮助卖家有效填写产品信息,敦煌网会由系统自动给出上传产品的总评分。

(三)物流与运费操作

为了帮助那些不了解国际快递的卖家节省物流运费,上传产品信息时,敦煌网会自动为卖家绑定敦煌网合作物流。使用时,直接选择发货地点就可以享受优惠价格。目前,敦煌网合作物流在上海、深圳、广州、惠州、宁波、重庆、东莞 7 个城市设有仓库,如果卖家不在以上 7 个城市,可以查看每个城市的敦煌网合作物流服务公司的联系方式,由卖家支付邮费,以快递形式将货物邮寄到设有敦煌网合作物流仓库的城市,物流服务公司收到货物后会将货物再发送给买家。

1. 跨境物流方式分类

(1)国际速递

国际速递包含 EMS 和四大商业快递,即 DHL、FedEx、UPS、TNT。其特点是邮寄速度快,但价格贵。

(2)国际平邮

国际平邮主要包括中国邮政小包、新加坡小包等。这种物流方式是所有物流方式中价格最低的,但其派送速度是最慢的,通常需要 30 ~ 50 天。

(3)国际专线

国际专线是由国内的大型物流公司推出的,是专门派送某一个国家的线路,如佳成专线、悠扬专线等,其价格和派送速度均介于国际速递和国际平邮两者之间。

2. 跨境物流方式的选择依据

卖家发货选择跨境物流时，要考虑以下要素：

（1）从买家的角度出发。卖家应该为买家所购买的物品做综合的考虑，包括安全性、运送速度、运费、是否有关税等。

（2）卖家要尽量在满足物品安全性和运送速度的情况下，为买家选择运费低廉的服务。

（3）商品运输不需要精美的外包装，重要的是安全快速地将售出的商品送达买家手中。

（4）卖家即使拥有再多的经验，也无法估计所有买家的情况，所以把选择权交给买家更为合适，卖家只需要在物品描述中表明所支持的运输方式，再确定一种默认的运输方式即可，买家有其他需要时自然会主动联系卖家。

（5）有的产品可能适合多种物流方式，卖家可以写出常用的方式及折扣，为买家省去运费开支，也可以赢得更多的回头客。

（6）尽量选择平台认可的物流方式，因为使用非平台认可的物流方式会造成发货后无法向平台回填物流信息。

3. 物流运费的设置

一般来说，物流的运费模板设置应该是在产品上传之前就完成的，这样就可以在发布产品信息时候直接选择并使用。

（1）添加运费模板

首先进入运费模板管理。

方法一：进入“产品”管理频道，单击“运费模板”按钮可进入运费模板管理页面。

方法二：在“添加新产品”页面单击“管理运费模板”按钮进入运费模板管理页面，产品添加页面仍然保留，添加成功的新模板在产品添加页面可即时使用。

进入运费模板管理页面后，就可以添加新模板。

（2）设置运费模板

①选择物流方式，进行具体的选择与设置。

②选择收费方式。国际物流的运费分为以下几类：免运费、仓库运费、标准运费、自定义运费和不发货。不同的物流公司，其收费方式和折扣是不同的。免运费是由卖家承担运费，会在买家看到的产品展示页面上显示“Free Shipping”；仓库运费是指跨境电商平台与国际物流商洽谈好的折扣价格；标准运费是平台展示国际物流商给出的官方报价，卖家可对不同国家设置不同折扣；自定义是由卖家根据买家购买数量设置运费，购买越多运费越优惠；不发货是卖家对指定国家或地区设置不发货，该国家或地区的买家将看不到设置了此项运费模板的产品。

③选择每种收费方式适用的国家或地区。在敦煌网的物流模板中选择国家或地区时，国际快递分九十区，同一区的国家或地区的运费相同。遇到有个别国家或地区的情况特殊时，可以按照国家或地区分别进行选择。

④填写运费模板名称（中英文均可），保存该模板。

（3）使用运费模板

使用运费模板时，进入“产品管理”，对需要设置运费的产品选择“编辑”，在运费设置中就可以选择使用已经设置好的运费模板了。

三、跨境电商出口客户服务

客户服务，是指在与客户接触的过程中要以客户为中心，设身处地地理解客户心理，了解客户需求，满足客户需要。也就是说，凡是能够提高客户满意度的内容都属于客户服务的范畴。

随着市场竞争的日益激烈，客户被视为企业生产和发展的重要资源，尽可能地为客户提供周到的服务逐渐成为市场竞争的焦点，这不仅有利于塑造企业的良好形象，有利于提高成交率，而且有利于提高客户的回头率，维持新老客户关系。

跨境电子商务客户服务主要是为客户提供咨询解答服务，是运用外语了解客户需求，帮助客户解决问题，促进网店产品销售的业务活动。客户服务质量的好坏直接决定了客户是否购买。基于电子通信行业的迅猛发展，跨境电商客户服务依托于电子信息的技术条件，具有无可比拟的服务优势。

跨境电子商务的客服可以细分为文字客服、视频客服和语音客服三类。文字客服主要是指以打字聊天的方式进行的客户服务，视频客服是指以视频演示的方式进行使用指导的客户服务，语音服务主要是指以电话沟通的方式进行的客户服务。

跨境电商的客户服务内容，包括回应售前询问、进行订单处理、售中售后的沟通、中差评管理、纠纷处理和退换货服务等。

（一）订单处理流程

1. 订单处理

发布产品信息后，卖家就要做好获得订单的准备。一旦卖家收到了新订单，就要及时处理。当然，有了订单后，平台也会每天自动发一封关于订单处理的邮件给卖家。通常情况下，订单的处理可分为以下四个步骤。

（1）确认订单

买家已经下订单并且付款，同时也通过了平台的确认，这个时候就进入了订单处理流程，卖家就要对该订单进行确认，主要是确认客户购买的是什么产品、是否可以供货，如果可以供货，必须与客户确定收货地址、联系方式及物流方式。如果缺货的话，一定要及时告诉客户，与客户沟通解决。

（2）配货包装

配货是指卖家按照订单内容，挑拣出客户购买的产品。通常情况下，在这一环节中会同时将产品进行适当的包装。如果客户购买了多个产品，就要按照客户的需求及选择的物流方式来配货，比如，拆分成几个包裹分别以小包裹运输，或是一起运输等。

当产品进行运输包装时，还应该注意下列几点：

①在跨境运输中，尽量避免使用太大、表面有太多印刷图案的箱子。

②尽量不使用奇形怪状的包装。例如，不使用圆筒状的包装盒子或袋子，以免在运输中滚落，或带来其他不必要的麻烦。

③不使用已损坏的或容易变形、不结实的箱子，防止产品在运输过程中受到损伤。

④避免使用劣质的填充物。例如，不要用碎纸机里的废纸或其他劣质的材料来填充箱子里的缝隙，如果填充物质量不好，一方面可能无法起到缓冲保护的作用，另一方面也有可能刮伤产品或产品的外包装。

⑤避免在箱子和产品中间留出空隙。因为如果有空隙，产品会在空隙中晃动，导致缓冲材料失去作用，产品有可能因此损坏。

⑥不使用信封寄送高价值或易损坏的产品。实践证明，使用信封寄送物品，很有可能被卡在信件分拣机当中，而且产品也不能受到任何保护。

⑦寄送地址一定要书写详细、准确，特别是不要使用铅笔、彩笔等来书写，以防在运输过程中变得模糊不清，影响派送。

⑧当货物的单件重量超过 70kg 时，请务必使用带托盘的包装。

⑨快件运输的货物，单件重量不允许超过 31kg，尺寸不超过 60cm×60cm×60cm，周长不超过 300cm，超过的话请单独咨询。

(3)打印单据

配货包装完成后，就可以按照出货流程，以及所选用的跨境物流方式打印对应的单据，包括发货通知和商业发票等。

(4)物流运送

上述工作都已完成，客户也没有任何问题时，就可以将货物发给物流公司或物流公司指定的仓库了。

经过一段时间的境外运输过程，产品被派送到客户地址。当客户确认收货后，即意味着交易完成。

以敦煌网为例，客户在该平台下订单，并付款到敦煌网作为第三方担保；敦煌网平台会向卖家发出付款确认,提醒卖家发货;然后作为卖家的国内供应商经过配货、包装、打印单据,将产品使用跨境物流运送到客户地址,当敦煌网收到了客户发出的确认收货无误的指令后,就会自动放款给卖家,完成交易。

2. 发货流程

订单处理效率是影响店铺服务评价的重要因素之一,及时正确地发货是获得顾客好评的重要因素。发货分为线上发货和线下发货。

(1)线上发货

线上发货就是采用平台合作的物流方式,把产品发送到平台合作物流所指定的仓库。即卖家只需在线下单,快递公司就会上门取件,并且可以在线支付运费以及一站式在线查询物流跟踪服务。在线发货的模式被敦煌网、全球速卖通等小额外贸平台普遍采用。但目前仅限于小额包裹,大宗物流的在线标准化发货尚在探索之中。

例如,敦煌网的“仓库发货”属于在线发货服务,卖家填写在线发货预报后,首先将货品发往 DHL 仓库,再由 DHL 统一调配,集中发货。仓库发货采用集中发货的方式,所以整体效率会更高,运费成本也会更低。目前采用敦煌网仓库发货,可以拿到 DHL 正常运费三折左右的折扣。而敦煌网的系统则直接和 DHL 物流跟踪系统对接,可以在线查看送达日期以及货物跟踪情况。

(2)线下发货

线下发货就是卖家自己找跨境物流公司运送产品。线下发货相对简单,根据卖家和物流商的商讨进行打包和贴上辨识内容,然后把包裹交给物流公司。运输费用可以和物流公司协商。

3. 国际物流寄送注意事项

(1)发国际快递时一定要提供中英文商业发票,装箱清单上的品名、数量、价值一定要写清楚,不能笼统地写成样品、服装、礼品、布样、测试品、零件、物品、盒子、玩具、电子零件、工具样品、鞋样品、手套样品、货样、塑料制品等,这些名词都容易被扣关，最好注明是用在哪一方面的。

（2）快递到国外的木箱包装不能是原木的，原木要有杀虫证，或者用甲板（必须是已杀过虫的）包装。

（3）名牌产品一定要有授权书，冲关会被没收和罚款。

（4）印度、越南等国家目的地关税偏高，要先跟客户沟通好，以免客户拒付关税和运费及拒收产品。

（5）美国对于食品、药品管制很严，需要提供美国食品药品监督管理局审批的 FDA 认证；对于液体、粉末、颗粒等化工产品比较敏感；和人体相关的用品，如医疗、文身机器，在申报品名时需要额外注意；寄往美国的纺织品要求有配额证，没有的话需写上 3 英寸大的 SAMPLE，用洗不掉的大头笔写上，如寄衣服还要注明男装、女装、短裤、长裤、长袖、短袖之类的；私人新衣服寄往美国，有发票的可以走，款式不能是全部一样的，若款式一样，则数量需要控制在 3 件以内。另外，美国海关在知识产权保护方面较其他国家严格。

（6）如果目的国是澳大利亚，要注意不要邮寄食品、动物和植物；填写包裹清单时要详细，尤其要注明材质，否则将可能被检疫部门抽查，延误转运；不要用装蛋的纸盒、木箱及装水果、蔬菜、肉类的硬纸盒进行包装；不要用干草或者植物进行包装；化妆品也是被禁止的。

（7）如果寄件到欧盟国家，应注意不要严重地货值低报；重量大的货物，申报高值，主动交税或者拆分货物发送；就关税事宜，卖家需要主动与买家确认沟通，以免发生不必要的退款或者差评；欧盟不允许未熏蒸的木箱进口，所以需要将木箱进行熏蒸，或者不采用纯木质包装。

（二）客户沟通

成功的客户沟通是促进在线客户下订单的关键因素。通过网络进行的跨境电子商务的客户沟通可以让销售人员更多更好地了解客户的消费心理和消费需求，从而可以更好地设计销售策略，顺利完成销售任务。成功销售的关键是买卖双方之间进行有效的沟通，尽管误解时有发生，但解决问题最好的办法还是沟通。

1. 客户沟通的特点与原则

（1）客户沟通的特点

①无法预知竞争。在传统贸易中，卖家可以和对手进行较多的交流，与对方比较，能够清楚地看到自己的劣势和对手的优势。但是在跨境电商平台上，成千上万的卖家每天在自己的店铺里进行各种操作，往往无法及时对新出现的情况作出反应。

②终端消费者多。跨境电子商务的特点决定了其终端消费者多。跨境电子商务的客户基本都是有网上购物经验或者愿意尝试网购的海外消费者，他们的购物目的简单，大多是为自己购买并使用，对产品的质量和价格有一定的要求，因此在沟通过程中要抓住客户的心理特征。

③注重人性化服务。客户沟通的根本是以人为本。随着竞争日益激烈，卖家往往不是在打价格战、质量战，而更多的是在打服务战，所以要提供最人性化的服务，从最初的询盘，到最后的下单，每一步都要时刻关注客户的心理、需要及顾虑。

（2）客户沟通的原则

①换位思考、理解客户意愿。当遇到不理解客户想法的时候，不妨多问问客户是怎么想的，然后站在客户的角度去体会他的心情。当客户表达不同的意见时，应体谅和理解客户，让客户感受到卖家是站在买家的角度思考问题，感受到卖家的关注和体谅，这样买家也会理解卖家的想法。

②多倾听客户意见。在进行客户服务的过程中，应先了解客户的意图与需要，当客户表现出犹豫不决或者态度不明朗时，也要先问清楚客户困惑的原因是什么，对哪些问题不明白。如果客户自己表述不清楚，客服人员应主动把常见的问题列举告知。

③坚守诚信。网络购物虽然方便快捷，但客户毕竟看不到、摸不着产品，因此难免会有疑虑和戒心，所以客服人员对待客户必须要有耐心和诚意。要坦诚地回

答客户的疑问、介绍产品的优点和缺点,并向客户推荐合适的产品。

④凡事留有余地。在与客户进行沟通交流时,尽量不用“绝对”“肯定”“保证”等字词。因为每个人在购买产品的时候都会抱有期望,这种期望如果不能得到满足,就会变成失望或愤怒。所以,为了避免让客户失望,发生不必要的纠纷,最好在沟通的时候留有余地。如果要承诺,最好使用“争取”“尽量”“努力”等。当然,这并不意味着卖家的产品不好或对客户不负责任。

⑤注意使用文明用语。在与客户沟通的整个过程中,要注意使用文明用语。例如,当客户完成付款时,或者客户在确认收货后给予好评时,客服人员应该衷心地对客户表示感谢。当遇到问题时,要检查自己工作不当的地方,向客户诚恳地道歉,而不是推卸责任或指责对方。

2. 与客户沟通的技巧

客户沟通的内容主要包括专业的产品介绍、详尽的物流信息、良好的退换货服务等几个方面,使得客户体验到卖家客服的专业化、精准化服务。

卖家在交易过程中最好多主动联系客户,这样能让客户感觉到卖家对自己的重视,促进双方的信任和合作,从而提高客户的满意度,出现问题及纠纷时也能够及时处理。

由于时差的缘故,卖家应在购买高峰时段保持在线,以便及时回复客户的咨询,这意味着卖家要在晚上的时间联络海外的客户,因为这个时间客户在线的可能性大、沟通效果好。例如,海外客户的购买潜伏期一般是在北京时间 15:00 ~ 22:00,客户会在此时段浏览店铺产品,向客服咨询一些产品的相关信息;客户购买的高峰时段是在 24:00 至第二天凌晨 5:00,这个时段内客户的询盘会比较多,所以卖家客服人员应在这个时段保持在线,并及时回复客户询盘,才是正确的做法。通常来说,当客户发出询问后 30 分钟内收到卖家的回复时,订单的成交率会提升 79.68 %。否则,会让客户因为等待而失去购买欲望。

在客户沟通技巧方面,要注意运用说服客户的技巧和促进交易的技巧。

(1)说服客户的沟通技巧

①消除防备心,真诚感化。网上购物总是会带给消费者不确定感和防备心。消除防备心理的最有效方法就是反复给予暗示,表示自己是朋友而不是敌人,这种暗示可以采用嘘寒问暖、给予关心、表示愿意提供帮助等方式传递。

②争取同情,以弱克强。如果想说服态度比较强硬的客户时,不妨采用争取同情的技巧,因为渴望同情是人的天性,运用这一技巧可以达到以弱克强的目的。

③缓和气氛,以退为进。在与客户进行交谈的过程中,客服人员应先调节谈话的气氛。采用一种轻松、友好、平静的提问方式,并维护客户的自尊和荣誉,保护客户隐私。如果气氛和谐而友好,那么说服成功的可能性就越大,结果一定会令人满意。

④寻求一致,以短补长。卖家要尽量找出与对方一致的地方,先让对方赞同自己远离主题的意见,从而使其对自己的话题感兴趣,然后想办法将自己的话题引入主题,最终取得对方的同意。

(2)促成交易的沟通技巧

①积极推荐,促成交易。当客户拿不定主意时,客服人员应尽可能多地推荐符合客户要求的产品,在每个链接后附上推荐的理由。譬如,“This is new arrived and can not be seen every where”“This is one of the most fashionable styles”“This is the most popular, often out of stock”等,以此来尽量促成交易。

②利用客户希望快点拿到商品的心理促成交易。大多数客户都希望在付款后卖家能尽快寄出商品,所以在客户已经有购买意向但还没有下单的时候,可以这样表达:“The delivery is arranged before 5 O'clock everyday, so if you really like it, take it quickly, and we could send your ordered today.”这种方式对于在线支付的顾客尤为有效。

③利用“怕买不到”的心理,促成交易。越是得不到、买不到的东西,人们就越想得到它、买到它,这就是“怕买不到”心理。卖家可利用客户这种心理来促成

客户下订单。当对方已经有比较明显的购买意向但还在最后犹豫中的时候，可以用以下说法促成交易："Today is the last day for preferential price, and you would not catch this opportunity from tomorrow on."

④巧妙反问，促成订单。当客户问到某种产品，卖家刚巧没有库存时，就得运用反问来促成订单。譬如，客户问："Is there golden？"这时，不可回答没有，而应该反问道："Sorry, we don't plenish the golden stock, but there are black, purple, blue, which color do you prefer？"以此来吸引客户对其他有库存产品的关注。

⑤帮助客户拿主意。当客户一再出现购买信号，却又拿不定主意时，可采用"二选一"的技巧来促成交易。譬如，"Would you like Style 14 or Style 87？"或者说："Which logistics mode do you prefer, snail mail or EMS？"这种二选一的问话技巧，其实就是帮助客户下定决心。

此外，在沟通服务中还要关注客户对于订单的详细要求，如颜色、大小、尺寸、货期、包装，如果自己的实际备货能力与客户的要求有差距，一定要提前告知并和客户沟通，在客户确认后再执行订单，避免客户收到货物后引起纠纷。

（三）客户售后服务

售后服务是一门科学，更是一门艺术，是绝对不能忽视的。维护好一名老客户比开发一名新客户重要得多。要想维护好老客户，卖家关键要做好三方面的工作：评价管理、纠纷解决和退换货处理。

1. 评价管理

每位卖家都希望自己的订单能得到买家的好评。当买家给予好评时，卖家应撰写好评回复，以感谢买家的肯定、理解与鼓励。但是，当发现买家给出中差评时，卖家一定不能推诿责任，甚至指责对方，而应从以下几个方面着手处理。

（1）中差评处理

首先，要认真分析买家给出中差评的原因是什么。对于跨境电子商务交易，常见的中差评原因不外乎几点：实物与店铺中的产品图片有差异；产品列表中显示免运费，但是在实际付款时却被收取了部分运费或其他费用；使用信用卡付款时被扣除了一定比例的手续费等。了解到中差评的原因后，就可以根据不同的情况，采取不同的方法去处理。

其次，在处理中差评时，卖家可以遵循以下步骤：

①收到中差评后，卖家应及时主动地通过站内信、电子邮件、Skype 等方式联系买家，首先表达歉意，然后再了解买家对产品或服务不满意的详细原因。

②对于符合退款或退换货规则的，可以通过退款或换货的方式，使得买家满意并且修改评价。

③如果买家未能按约修改评价，则可以先查看买家的评价是否符合平台的评价规则。例如，买家的评价中带有侮辱性词语，或者评价等级与评价内容不符，如给出了差评，但是却评论"It's perfect. I like it very much."遇到这样的情况，可以向平台投诉。

④若经过前述步骤买家仍未能删除或修改评价，卖家可以尝试中差评营销。例如，在客户下单前给客户打预防针，提前解释为什么会出现这样的问题，或者附上产品的使用说明书与注意事项、色差的注意事项，或者给出遇到问题请和客服及时沟通解决，而不要随意给出中差评的提示等。这样的中差评营销主要是为了向潜在买家说明真实情况，表明态度。

⑤中差评处理结束后，客服人员应该积极查找相同产品的其他评价，如果发现此产品的中差评具有共性，则应及时采取措施，改进产品质量，或将此产品下架并上架无质量问题的新款产品，或采取相应措施提高客户服务的技巧与水平。

（2）中差评预防

按照大多数跨境电商平台的规则，中差评都会给买家带来负面的影响。因此，卖家除了要分析其原因，并采取具体措施处理中差评外，还一定要学会做好预防工作，主要包括以下四个方面。

①严把产品质量关。产品质量是根本，它关系到店铺能否长期生存和发展。产

品质量差，得不到消费者的支持与喜爱，就很难得到订单。这就要求卖家在选择进货渠道时一定要把好关。如果质量有问题，一定不能将其销售出去，以免客户收到产品后因为质量问题而给出中差评，另外，在发货前应该仔细检查其质量及包装，都没有问题才能发货。

②解释色差问题。虽然跨境电商平台都规定禁止盗用其他网站或店铺的图片，但是仍然有很多卖家都在使用杂志图片、其他网站或店铺的图片而不去拍实物图，造成图片失真，由此产生客户不满意的情况。由于买家无法看到实物，图片就成了买家判断商品的重要依据，所以图片应尽量与商品一致，商品描述要客观全面。同时，在产品描述中应注明“Be careful to purchase because there may be color difference（图片可能有色差，请谨慎选购）”的字样。

③良好的售后服务。有一些卖家认为接到订单，就算是完成了一笔业务，其实，这才是服务真正的开始。在买家下单前、下单后的整个过程中，卖家都应该及时准确地回复买家的咨询，特别是在买家下单后，卖家应及时发货，并主动把快递单号和物流信息的查询方式告知买家，使买家感到自己受到重视，卖家是负责任的。

④分析买家特点，区别对待。在买家下单前，卖家可以事先查看买家的交易经验和信誉度，了解买家的评价侧重点以及别的卖家对该买家的评价，根据买家的特点区别对待。

2. 纠纷解决

（1）解决纠纷的原则

①及时回应。当发现买家对于订单的执行或产品的质量不满意时，卖家要马上做出回应，针对买家提出的问题要主动予以解决，与买家进行友好协商，不能等买家将纠纷升级或者提起投诉时才被动处理。

②有效解决。针对不同的纠纷情况，卖家要采用不同的沟通技巧，有效地解决纠纷。例如，买家要求退款时，尽量引导买家达成部分退款，避免全额退款退货。

努力做到如果产品不能让客户满意，那么态度和服务要让客户无可挑剔。

（2）解决纠纷的方法

产生纠纷主要有两大原因：未收到货；产品与描述不符。要根据不同的原因采用不同的解决方法。

①未收到货。

A. 卖家未发货。如果卖家未能及时发货，导致买家不满意，卖家应及时给买家退款或者重新发货，但需要先征得买家的同意，避免擅自发货后买家因延迟发货而拒签。

B. 延迟发货。在这种情况下，卖家首先要安抚买家，让买家耐心等待，然后给予适当的补偿。

C. 产品在运送途中。卖家在发货后应尽早告诉买家运单号、英文查询网址及大致的送达时间，并安抚买家耐心等待。

D. 包裹被退回。这时卖家要及时给买家退款。如果是因为买家自身原因导致包裹被退回，可以要求买家补偿物流运费。

E. 扣关。如果货物在海关被扣，卖家要及时联系货代了解扣关的原因，并积极配合买家清关。

②产品与描述不符。

A. 产品质量有问题。当买家反映产品质量有问题时，卖家应首先要求买家提供图片或者视频证据，清楚了解产品问题，或者给出专业的指导和操作说明，或者引导买家接受部分退款以结束纠纷。

B. 货不对板。出现产品与描述不符的情况时，卖家首先应道歉，承认疏忽，然后提出有效的解决方案。

（3）避免纠纷的办法

针对买家在下单的各阶段可能产生的纠纷点，卖家应在以下三个阶段注意避免纠纷。

①上传产品阶段。在这一阶段,卖家应注意:

A. 提前联系好固定的货源,避免因缺货断货引起纠纷。

B. 检查产品描述是否存在歧义,如本应以 pair 为单位的产品出现以 piece 为单位。

C. 详细描述要确保客观、准确、完整,对产品的基本属性、瑕疵、保质期等应说明清楚。

D. 尽量使用实拍图,或图片与实物一致,避免买家因图片而产生与实物不符的期望。

E. 对容易发生纠纷的关键点,应在产品页面给出明显提示。

②与买家沟通阶段。在这一阶段,卖家应注意:

A. 回应买家咨询要及时。

B. 留存与买家沟通时的谈话记录,如后期出现纠纷时可作为证据。

C. 在交易的过程中,要与买家保持顺畅沟通,这样一旦出现问题,买家首先会想到与卖家沟通。

③发货前后。在这一阶段,卖家要注意:

A. 在发货前要对出售的产品质量及功能、产品包装的完整性进行检查。

B. 使用买家要求的物流方式发货。

C. 发货后要及时在系统里填写运单号,保留发货单据,并向买家发送发货通知。

D. 货物签收后,提醒买家确认收货并给出好评。

3. 退换货处理

作为跨境出口电商,要想拥有稳定的客户群和较低的运营成本,需要具备高效实用的退换货处理办法。

(1)退换货处理办法

①制定合理的退换货价格。退换货价格有两种计算方式:一种是以订单产品

成交时的价格全额退款；另一种是在成交价格的基础上计算折扣价。

②明确退换货责任。为了保障买卖双方的权益，应在产品的详情介绍页面中明确退换货的权责问题，并在买家下单时进行提示，从而减少买家因随意选购而发生退换货的情况。

③说明退换货成本。跨境出口产品被要求退换货时，会面临较长的物流时间、高价的国际运费和退货清关费用，时间与金钱成本非常高昂。在此情况下，多数买家往往会在权衡之后放弃退换货要求。对此，卖家应向退货买家逐一说明清楚。

（2）退换货流程

无论是哪类产品、在哪个跨境出口平台销售，退换货流程基本都是一致的：卖家填写货运单号后的 5 ~ 90 天（四大快递出现纠纷的时间为填写发货单号后的 5 ~ 90 天、一般快递为 7 ~ 90 天、平邮为 10 ~ 90 天），买家可以在订单未完成状态下发起退款或退换货协议申请。当买家提交退款申请后，卖家可以在“退款与纠纷”中查询到该订单。订单进入协议纠纷流程后，买卖双方须协商处理。

（3）注意事项

跨境电子商务的退换货必须注意反向物流因素，通常要考虑以下两个方面。

①明确退换货规则。跨境出口电商卖家应当把相关退换货规则设置在店铺页面中显眼的位置，同时将产品的特性、有效期限、使用方法等介绍清楚。例如，要注明“Underwear items are not placeable and refundable, please carefully choose and purchase（内衣物品售出不退，请谨慎选购）”，也可以在产品包装盒内附上退换货规则说明。

②采用适当的方式协助买家退换货。一种方式是通过跨境电商平台的在线退换货系统协助买家退换货；另一种方式是通过线下第三方协助买家退换货，即设立退换货服务代理点。

第三节 跨境电子商务人才进口技能培养

一、跨境电商进口准备工作

(一)跨境电商进口的内涵

1. 跨境电商进口

跨境贸易电子商务进口分为直邮进口和保税进口。

(1)直邮进口

直邮进口是指消费者在购物网站上确定交易后,商品以邮件、快件方式运输入境情况下的跨境贸易电子商务商品通关模式。也就是说,商品在国外就已经被分装打包,然后以个人物品的形式通关,被送到国内各个消费者的手中。

(2)保税进口

保税进口又称为“保税备货进口”,指商家将境外商品批量备货至海关监管下的保税仓库,消费者下单后,电商企业根据订单为每件商品办理海关通关手续,在保税仓库完成贴面单和打包流程,经海关查验放行后,由电商企业委托国内快递派送至消费者手中。

2. 保税进口的特点

保税进口模式的流程是国外货物运送到境内保税区进行存储,即境外的仓库转为“境内关外”仓库,然后分批出售给国内消费者的活动。这种模式综合了直邮进口和一般贸易进口的双重特征,但与传统的一般贸易进口和直邮进口有显著的差异。保税进口主要有以下特点。

(1)先进口后销售

从贸易角度看,进口货物进入保税区时并没有订单,保税进口与一般贸易进口之间的差别只是在互联网上完成交易,货物和一般贸易进口的形式没有什么不同,供应链利益及相关方责任仍然存在。

（2）化整为零的销售方式

在保税进口方式下，一旦取得了消费者订单，即在保税区进行分包，填写消费者收货的信息后以邮寄的方式出区。保税区货物采取“化整为零”的销售方式，从消费者的角度来看，则是非常便利的，因为从订单到收货往往只需要1到2天。

（3）进口产品需求特殊

在保税进口模式下，进口产品多集中在高货值、准入难、消费者需求高的产品，如婴幼儿配方奶粉、保健食品、化妆品等。

（4）货物入区不发生物权变化

在保税进口模式下，货物进入保税区以后往往不发生买卖关系，货物从境外运输至境内仅是同一企业货物存放地点发生转移，货物物权未发生实质性变化，从传统行政执法角度来看，检验检疫行政执法的相对人为国外企业。

3. 保税进口的优缺点

作为目前跨境电商进口主要的模式之一，保税进口因其自身优点明显而备受欢迎，与此同时，保税进口也存在一些不足之处。

（1）保税进口的优点

①保税进口模式采用的是试点货物暂存模式，消费者在平台下单之后，货物直接从保税仓发出，节省了国际运输线上的时间，消费者能够较快取到货物，使其能拥有较好的消费体验。

②保税进口模式因为大幅降低了进口环节税，集中采购又能够大幅降低商品的采购成本和物流成本，所以能够为进口产品带来更高的利润和更具竞争力的价格。

③保税进口备货的商品在进口通关方面全程接受严格监控，各流程信息透明，能够更好地保证商品本身的质量以及消费者的利益。

（2）保税进口的缺点

①因其为备货存货模式，加上目前各平台对市场把控得不是很精准，因此在进口货物量的把控上一直是各平台很头疼的问题，进货多了怕囤积，进货少了怕爆仓。

②保税进口对产品的量有较大的要求，因而无法灵活地根据市场动态做出细节调整，对于新兴、量少的货物覆盖率较低。

（二）跨境电商进口模式

1. "保税进口 + 海外直邮" 模式

该模式的典型代表是天猫国际、亚马逊和 1 号店。

上海自贸区通过与亚马逊、天猫国际和 1 号店合作，在各地保税物流中心建立各自的跨境物流仓。目前，上述商家已与郑州、上海、宁波、杭州、重庆、广州 6 个城市试点跨境电商贸易保税区、产业园签约跨境合作，全面铺设跨境网点。这种方式规避了基本法律风险，同时获得了法律保障，压缩了消费者从下单到收货的时间，提升了服务的迅捷性，使得跨境业务打开了"光明之门"。这也是目前最受青睐的模式。

模式特点：

（1）优点

该模式可以大幅降低物流成本，提高物流效率，给中国消费者带来更具价格优势的海外商品。提供海外直邮的商家都有海外零售资质和授权，商品从海外直邮，并且可以提供本地退换货服务，用户信任度高。

（2）不足

该模式的性质大多为第三方代运营，所以价位高、品牌端管控力弱。

2. "直营 + 保税区" B2C 模式

在该模式下，跨境电商企业直接参与到采购、物流、仓储等海外商品的买卖流程，在物流监控及支付体系上都有自己的一套体系。平台在选择自营品类时都会集中于某个特定的领域，如服装、化妆品、母婴用品等。

商家在物流上打速度战，整合全球供应链的优势，直接参与到采购、物流、仓储等海外商品的买卖流程当中，或独辟"海淘""自营"模式，利用保税区建立可信赖的跨境电子商务平台，提升供应链管理效率，破解仓储物流难题，让商品流通不再有渠道和国家之分。

模式特点：

（1）优点

该模式下的跨境电商平台因其自营性，平台直接参与货源组织、物流仓储买卖流程，时效性好，供应链管理能力相对比较强，海外商品从采购到送达用户手中的整个流程比较好把控，大大缩短了消费者从下单到收货的时间。该模式下的大多数平台以母婴用品类作为主打商品，这类商品很容易赢得跨境增量市场，具有刚需、高频、大流量的特征，是大多数家庭接触“海淘”商品的起点。

（2）不足

该模式的不足之处主要是品类受限。目前此模式还是以爆品、标品为主，有些地区商检海关是独立的，能进入的商品根据各地政策的不同而有所限制。同时，平台资金压力大，无论是整合上游供应链，还是提高物流清关时效、在保税区自建仓储，或者做营销打价格战、补贴用户以及提高转化复购率，都需要大量资本，爆品和标品的毛利空间极小。

3.“直销、直购、直邮”C2C 模式

该模式的典型代表是洋码头。

洋码头作为跨境电商的先行者，它向第三方卖家开放，是一家面向中国消费者的跨境电商第三方交易平台。该平台上的卖家可以分为两类：一类是个人买手，模式是 C2C，海外买手（个人代购）入驻平台开店，从品类上来讲，以长尾非标品为主；另一类是商户，模式就是 M2C，它帮助国外的零售产业与中国消费者对接，就是海外零售商直销给中国消费者，中国消费者直购，中间的物流是直邮。

4. 返利导购 / 代运营模式

该模式的典型代表是 55 海淘、蜜淘、海猫网。

返利导购模式分为商品交易和引流两部分，是一种技术门槛相对较低的电子商务模式。该模式要求企业在 B 方与外国运营商建立合作关系，并通过 C 终端用户获取流量。平台通过自主研发的系统自动获取海外主要业务网站 SKU（最小存货单位），分析语义、全自动翻译，提供大量的中文 SKU 帮助用户下单，这是跨境电商平台最初的模式。还有一个中国官方网站代运营，直接与海外电商签约合作，代表其官方网站运作。

模式特点：

（1）优点

这两种方式有着早期优势，易切入、成本低，解决了信息流的处理问题，SKU 丰富，方便搜索。

（2）不足

中长期缺乏核心竞争力，对库存、价格等信息实时更新的技术要求高，一些早期以此为起点的公司已纷纷转型。

二、跨境电商进口平台跨境通操作

（一）跨境通平台阐述

跨境通服务平台由上海跨境通国际贸易有限公司（以下简称跨境通公司）负责运营，跨境通公司是中国针对当前跨境电子商贸发展状况，国家发改委委托海关总署实行跨境贸易电子商务服务试点，上海电子港建立跨境电子商务服务平台——跨境通，并与上海海关完成与跨境通配套的海关系统部分建设，针对国内消费者，提供方便快捷的跨境网购新渠道。

该平台专注于在互联网上为国内消费者提供一站式国外优质商品导购和交易服务，同时为跨境电子商务企业进口提供基于上海口岸的一体化通关服务。

1. 跨境通服务平台的特点

（1）实行商户和商品备案

为了实现正品的保证、售后保障、税收透明、物流便捷、易于支付等要求，为国内消费者创造良好的购物体验，跨境通和出售商品的商户必须经过海关检验检疫部门备案，为减少消费者购买假货的风险，所有销售商品都有相应的售后服务保证机制。

（2）商品描述详细，配送服务完善

跨境通平台的每件货品都用中文进行描述，避免了消费者在购物过程中遇到的语言障碍，明确说明货物本身的价格、进口关税和物流成本，使消费者对支付价格结构有明确的认识，并且消费者只需要支付人民币，避免购买过程中外汇兑换的麻烦；完成订单后，跨境通网站还将提供进口关税的纳税证明。

（3）拥有自贸区的独特优势

随着自由贸易试点区的发展，跨境通吸引了众多国外知名品牌的电商企业，从仓库到个人的直销模式得以形成，使得消费者的购买成本大大降低。依托自由贸易区的便利性，各大外资品牌在试点地区设立保税展示基地、设立保税仓库等，方便品牌物流配送高效管理。只要国内消费者下单采购，在试点区之内的货物可以快速运到消费者手中。

2. 跨境通为入驻商户提供的服务

跨境通为入驻商户提供的服务如下：

（1）企业备案服务

（2）商品备案服务

（3）商品交易、导购和推广服务

（4）通关服务

（5）跨境资金结算服务

3. 跨境通的运营模式

由于跨境通是一个专业的海外商品购物平台，供海外商家入驻后将商品卖给国内的消费者。因此，跨境通采用的运营模式为自贸模式和直邮模式。

（1）自贸模式流程

①海外商家预先将商品运至跨境通自贸区保税仓库，通过跨境通平台销售。

②消费者通过跨境通平台在线订购。

③跨境通根据订单以个人物品名义进行入境申报。

④清关后由第三方物流快递给消费者。

（2）直邮模式流程

①海外商家只在平台展示商品。

②收到消费者订单后在货源地直接发货。

③商品通关入境后直接快递给在跨境通上购买商品的消费者。

4. 跨境通的优势

（1）100％海外原装正品

跨境通上所有商品均为海外生产或销售，且均已通过海关、检验检疫等部门入境备案（商品规格、品名、产地等信息及品牌方授权、采购单、票据等）。

（2）商品准入方便

商品符合境外标准，即可进口，无须中文贴标，方便引入境外商品产品线。

（3）购买方便

消费者以人民币购买商品，跨境通和商家以电子外币结算。

（二）跨境通购物流程操作

消费者要想通过跨境通购买进口商品，需要在跨境通平台进行注册和登录，按流程完成购物。

1. 注册和登录

（1）新用户注册

①单击跨境通首页顶部的“免费注册”按钮进入注册页面。

②进入注册页面后，输入用户名、密码、邮箱及验证码，按照提示完成注册。

（2）老用户登录

单击页面顶端的“请登录”按钮，输入用户名和密码，单击“登录”按钮。

2. 商品查找

（1）分类浏览

消费者可以通过跨境通的分类导航栏找到想要的商品分类，根据分类找到商品。

（2）搜索商品

消费者可以通过在首页“搜索栏”中输入关键字的方法来搜索想要购买的商品，如通过关键词搜索未找到商品，可以减少关键词再次搜索。

3. 购物车操作

消费者挑选好商品后，在商品详情页面单击“加入购物车”按钮，将商品放入购物车。

（1）结算

在“我的购物车”中，购买数量为系统默认的最小购买数，如果买家想购买多件商品，可修改“数量”，也可以单击“清空购物车”后重新选择商品。

（2）继续购物

买家单击“继续购物”按钮，继续添加商品。

4. 订单提交

（1）填写收货信息

买家填写正确的收货人姓名、收货人联系方式、详细的收货地址和邮编，否则将会影响订单的处理和配送。

（2）实名认证

消费者在注册时需要填写个人身份证号，用于订购货品入境申报，跨境通承诺用户的身份证信息将仅用于入境申报，并对此严格保密，绝不泄露。

若订单包含多件商品，因海关对于个人物品保管有相关规定，在提交订单时可能会自动将一张订单拆分成多张订单。

5. 货款支付

跨境通当前提供“银联在线”“东方支付”“财付通”“微信支付”“网银支付”等支付方式，后续还会提供更多的支付方式以方便用户。在消费者和第三方海外卖家进行的商品交易中，由跨境通提供在线交易保障服务，保障买家已支付货款的安全。

买家支付成功后，在验收货物并完成“确认收货”操作后，跨境通才会与卖家结算。售后退换货服务由国内的公司实体（受海外商家委托且已备案）来提供，保障了消费者的售后权益。

（1）东方支付

首次使用“东方支付”的用户可按提示信息进行注册，进入“东方支付”后可选择网银支付、快捷支付。

（2）银联支付

进入“银联支付”页面，可选择银联卡支付、网银支付。

6. 订单状态查询

查看“我的订单”，单击订单，可查看订单状态。

7. 商品发货

（1）自贸模式

在自贸模式下，商品一般在 2 ～ 26 小时之内出库，并从跨境通仓库发出快递给消费者，海外商家先备货到跨境通上海自贸区的仓库，消费者订购后，由跨境通进行清关出库发货。

（2）海外直邮模式

在海外直邮模式下，消费者订购后，商品由海外商家通过国际物流公司发货，一般两周内可以完成清关并从自贸区发货（特殊情况除外）。

8. 售后退换货

跨境通上的海外商家都提供商品在中国境内的正规退货渠道，消费者与卖家协商一致后可以退货到中国境内指定地点，确保消费者的售后服务得到保障，消费者可享受全程无忧的购物体验。

9. 客服咨询

消费者可点击页面左侧位置的“在线客服”向跨境通客服进行咨询，或拨打跨境通客服热线咨询。

（三）订单作废及申诉流程操作

消费者在购买某商品后，如果对商品不满意，可申请订单作废。

1. 作废订单提交

登录跨境通会员中心，单击“订单查询”—“取消订单”。支付 1 小时内可直接取消；支付 1 小时以后，订单显示待出库状态时可单击“作废申请”。

2. 作废申请查看

单击“作废申请”，查看订单作废申请记录。

3. 提交申诉

单击菜单“作废申请”—“我的作废申请”，查看作废订单。单击“我要申诉”并填写“申诉理由”，在商家拒绝作废申请后的 48 小时内可发起申诉，超时则商家会正常发货。

（四）企业入驻跨境通流程操作

企业入驻跨境通有一套完整的流程，其中需要重点关注注册申请、企业备案、签订合同并缴保证金、商品备案等内容。

1. 注册申请

企业在自贸区内注册成功后，首先要向跨境通平台提交“新商家入驻申请”。

2. 企业备案

企业入驻自贸区，需要在海关和检验检疫部门进行企业备案。

3. 缴纳保证金

商户入驻跨境通平台，需要预缴跨贸税 1 万元及保证金 1 万元。

（1）扣税预缴

海关在订单生成后，货物申报出关时即刻完成扣税，因此海关从商户在东方支付的保证金账户中先行扣税预缴，东方支付在结算之后再将税款补充到商户的保证金账户中。

（2）先行赔付

消费者与卖家协商一致申请退款之后，由跨境通先行从商户在东方支付的保证金账户中扣除。由于消费者支付的人民币在跨境通平台上已经购汇，为确保消费者能第一时间拿到人民币退款，同时为避免商户重复购汇的手续费及由此可能产生的汇率差，因此采用先行赔付的做法。

（3）保障账户余额充足

对于销售额较大的商户，需要提供和其业务相符的保证金，保证其账户中有充足的余额。

4. 商品备案

企业在经营过程中，需要对其进口商品进行商品备案。备案需要提供以下材料。

一是商品备案表格。

二是购买合同或品牌授权书（新商户需要提供）。

三是日本食品还需要提供以下材料：所有食品必须提供原产地证明（日本官方出具）；食品中的六大类，如蔬菜及其制品、乳品及乳制品、水产品及水生动物、茶叶及制品、水果及制品、药用植物产品等需要提供放射性物质检测合格证明（日本官方出具）；生产地及运输途经地不为核辐射地的承诺书。

三、跨境电商进口平台跨境购操作

（一）跨境购平台的阐述

跨境购电子商务服务平台通过规范电子商务数据标准、整合基础业务信息资源、构建数据中心，实现数据资源的共享、物流、数据交换、对外贸易合作、商业信用等综合服务，并为国内跨国消费者提供实名认证、记录年度消费量、税务查询、商品跟踪等服务。

1. 跨境购服务平台的特点

（1）完善的跨境电商服务

跨境购建立了一套跨境电子商务服务信息平台，该平台可以实现与海关、国家检验检疫等执法部门对接，实现 B2C 跨境贸易清关促进，同时寻找合适的品牌商、贸易商、电商企业（包括平台或独立销售）、仓储企业、物流企业、通关服务企业，共同打造良好的跨境贸易电子商务生态系统。

（2）平台只负责商家接入与商品推广

跨境购是跨境贸易电子商务综合服务平台，入驻商家是在跨境购平台上由不同电商企业所经营的电商网站，电商企业的资质会经过跨境购平台和海关、国家检验检疫部门的审核监督，消费者要完成交易，只能通过选择的电商网站。

（3）商品可靠

跨境购商品与“海淘”、代购的商品相比，在价格优惠的同时品质更有保障，是经过海关商检部门严格审查的，商品更安全可靠，并且加贴了防伪溯源码，可以查到进口商品的详细信息并验证真伪。

（4）电商商户代缴税款

跨境购平台解决了消费者缴税难的问题，很多通过直邮方式运输的商品缴纳关税十分麻烦，需要顾客本人携带相关身份证件去相应邮局办理。现在消费者在平台注册时已经在线签署同意委托电商申报的协议，委托电商商户代缴，在订单提交时根据订单内商品的金额和对应的税率缴纳相应的税款，和订单商品金额、运费等一并付给电商商户，不需要自己再到相应的海关部门单独缴纳，电商商户会根据顾客的订单统一向海关缴纳税款，消费者可以在服务平台上查询电子税单。

2. 跨境购为入驻商户提供服务

跨境购为入驻商户提供的服务如下：

一是企业备案服务。

二是商品备案服务。

三是商品导购和推广服务。

四是通关服务。

3. 跨境购招商对象及条件

（1）招商对象

跨境购招商对象为从事国内日用消费品电子商务销售的企业。

（2）招商入驻资质要求

①从事跨境贸易电子商务服务的企业须通过当地口岸相关监管部门审核并签订相关协议，其企业信息与销售商品均须通过备案，经过认定方可进行跨境贸易电子商务销售。

②企业经营的商品类型为民生日用消费品，主要类别为：食品饮料、母婴用品、服饰鞋帽、箱包、家用医疗保健美容器材、厨卫用品及小家电、文具用品及玩具、体育用品（烟酒、药品不在许可范围内）。

（3）保税区入驻需要具备的条件

①企业必须注册在当地保税区。

②注册资本为 200 万元人民币及以上。

③取得自营进出口权。

④有 B2C 的网站或网店。

⑤交易数据与服务平台对接。

（4）保税物流中心入驻需要具备的条件

①取得自营进出口权。

②有 B2C 的网站或网店。

③交易数据与服务平台对接。

（5）企业入驻流程

①单击“我要入驻”，下载《企业招商信息表》，填写公司信息及资质。

②填写完成后将《企业招商信息表》发送至指定邮箱。

③跨境购平台在7个工作日内进行评估。

④根据评估结果,跨境购平台联系企业进行接洽。

⑤企业与监管部门、跨境购平台签订三方协议。

⑥开展系统对接,实单上线。

4. 跨境购的运营模式

跨境购采用的是集货模式,简单来说就是电商企业先以货物贸易的形式将进口商品集中采购后储放在保税区仓库。消费者在电商平台下单后,电商企业将商品集中发运至海关特殊监管区域,委托物流企业向海关提交《跨境贸易电子商务进出境物品申报清单》,物流企业在监管区域根据订单进行分装打包,包裹经海关查验放行后,以个人物品出区,由快递公司配送到消费者手中。

5. 跨境购的优势

(1)通关时间短,资金压力小

商品预检验,样品先行送检,货物到达口岸后,3 ~ 5天就可以进入保税区上架销售,大大缩短了通关时间。商品在保税区内保税存储(不需要缴纳进口环节税款),减少了电商企业的资金压力。

(2)成本低,配套服务好

商品批量运输可降低物流成本,从而降低了商品售价,让利于消费者;配套提供一站式仓储、物流、清关标准化服务,帮助电商企业快速享受优惠政策,解除其后顾之忧;货物按照个人进口物品方式申报出区,只征收进口物品税,消费者享受免税额,税款由电商企业代收代缴,提供电子税单查询。

(3)用户体验好

保税区备货销售,消费者下单后,商品直接从保税区发出,全国大部分城市1 ~ 2天到货,运输周期缩短,提升了消费者的购物体验;商品在保税区备货充足,可以及时满足客户的退换货需求,提供便捷的退换货通道,辅助电商企业完善售后服务体系,提升电商企业的售后保障水平;国家监管部门出具官方溯源认证,确保商品来源和商品品质。

（二）跨境购购物流程操作

消费者如果想通过跨境购平台购买商品，需要在跨境购平台进行注册登录，按流程完成购物。

消费者下单后，平台后台会进入审批流程。

1. 注册 / 登录

（1）通过跨境购平台注册

①进入注册页面

单击跨境购平台首页的“注册”按钮进入注册页面。

②输入注册用户信息

在输入用户信息的时候，要使用正确的身份证号和姓名，如果信息不一致，将影响通关和发货。

③绑定账号

选择购物网站，输入购物网站账号进行账号绑定，此项为必填项，可以通过平台电商网站进行绑定。

④完成注册

阅读委托申报协议，单击“同意协议并注册”按钮即可完成注册。

（2）通过电商网站注册

在电商网站直接填写身份证号等实名认证信息，在电商网站注册的同时会生成电商账号及跨境购平台账号，不需要另外绑定。

（3）通过第三方平台注册

通过天猫国际等第三方平台购物的用户，在下单时，消费者已委托其到跨境购平台进行实名制身份证备案。消费者以其绑定的身份证号码为跨境购账号。可凭此账号登录跨购平台。

①通过天猫国际等第三方平台注册的用户首次登录跨境购时，可单击跨境购

平台首页的“注册”按钮进入注册页面。

②输入注册用户身份证号码后，系统会提示消费者验证身份信息，验证成功后即可设置跨境购密码并绑定手机号。

（4）用户登录

注册成功后，消费者可以登录到“用户中心”—“我的账户”查看账户信息或修改个人信息。

①在跨境购首页单击“登录”界面。

②消费者填写登录名和密码后登录。

2. 商品购买

（1）选购商品

①消费者可以通过在首页的电商导航来寻找需要的商品。单击进入任何一家跨境购平台所属的电商，即可开始选购商品，进行购物。

②在购物网站 / 店铺选择带跨境购 logo 的商品（切记：一定要选择带跨境购 logo 的商品，才是从保税区海关监管仓库发货，因为部分购物网站 / 店铺还会销售非跨境购商品），每件商品都会标注税前价、税率。

（2）支付结算

①将商品放入购物车，生成订单，订单内商品必须都是跨境购商品，不能包含非跨境购商品，每个订单累计金额不能超过 2 000 元人民币，同时个人年度（自然年）交易额不能超过 20 000 元人民币。

②下单支付。消费者在购物网站下单，选择购物网站支持的多种支付方式付款。

（3）订单审核

支付完成后，订单自动递送到跨境购平台，通过跨境购平台传输到当地海关进行申报，海关系统自动进行消费者购买合法性校验，审核通过后，征收相应税额，通知当地保税区跨境贸易电子商务专用仓库发货。

(4)仓库发货

仓库根据订单内容对跨境购商品进行分拣打包,每件商品都加贴防伪溯源二维码,使用当地跨境贸易电子商务进口商品专用胶带封装。

(5)快递配送

目前由 EMS、顺丰速递、中通快递或邮政小包进行包裹派送,由当地保税区辐射全国各地。

(6)消费者收货

一般情况下,消费者在仓库发货后的 1 ~ 3 天内可以收到包裹(偏远地区除外)。

第四节 跨境电子商务人才营销技能培养

一、跨境电子数据分析

(一)数据分析的定义与重要性

数据分析是指用适当的统计分析方法对收集来的大量一手资料进行分析,以求最大化地开发数据资料的功能,发挥数据的作用,提取有用的信息并形成结论,从而对数据加以详细研究和概括总结的过程。

卖家通过数据分析,能将整个店铺的运营建立在科学分析的基础之上,将各种指标定性、定量地分析出来,从而为决策提供最准确的参考依据。

(二)数据分析常用公式和名词解释

UV:Unique Visitor,网站独立访客,即访问网站的一台计算机客户端为一个访客。

PV:Page View,即页面浏览量或点击量,用户每次刷新即被计算一次。

平均访问深度(PV/UV):等于 PV/UV,数值越大,买家访问页面的停留时间越长,购买意向越大。

店铺成交转化率：指成交用户数占所有访客数的百分比，即店铺成交转化率＝成交用户数／总访客数。

单品转化率：等于单品下单用户数／访客数。

PV 点击率：浏览量（点击量）占曝光量（流量）的百分比。

（三）数据分析选品概述

选品是数据化运营的基础，其可以分为站外选品和站内选品两类。

首先来看站内选品。这时我们要用到平台提供的工具——数据纵横。在数据纵横中，广义上的选品，可以使用“行业情报”和“选品专家”两个工具先选择行业再选择产品。如果是狭义上的选品，就是指从现有的在售产品中选择热销的产品，可以使用的工具为“商品分析”。总之，数据纵横是一个非常好的工具，卖家一定要通过仔细地分析数据纵横中所提供的数据来选品。

站内选品还包括选择平台上热销的款式。我们可以从普通搜索页面中搜索我们想要查询的关键词，找到标题右侧有箭头的产品，单击箭头会看到平台热销产品和平台中销量上升速度较快的产品。

另外，站内选品还包括平台活动中入选的产品，这些产品一般都是“平台小二”根据买家需求所选拔出来的产品。我们在为店铺选品时可以参考这些产品。

在直通车中也有一个选品工具，这个工具也非常好，它可以帮助卖家选择 4 个不同纬度的产品，分别是“热销款”“热搜款”“潜力款”“不限条件”。卖家还可以根据自己的需求选择不同的筛选条件。

下面介绍站外选品。进行站外选品时，首先，要参考其他跨境电商平台中的热销产品。其次，可以使用谷歌的“全球商机洞察”工具来分析不同国家买家的需求，还可以利用一些第三方的网站来分析其他跨境电商平台的热销款。最后，我们还可以经常浏览一些国外的知名流行类网站来查看潮流趋势。

（四）数据化引流概述

“流量为王”是所有网店运营的核心，通过数据化选品以后，接下来我们需要做的就是为产品或者店铺引流。

流量整体上分为类目流量和普通搜索流量两类。

类目流量也就是从左侧类目栏通过层层筛选最后到达产品展示页的流量。普通搜索流量是在首页搜索栏中填写关键词搜索后展示的页面的流量。这两个流量来源都非常关键。

从语言角度来划分,还有小语种流量。在后台的产品编辑页面,我们可以看到有 5 种不同的编辑页面,也就是前台所展示的不同语言的速卖通站点。我们可以通过数据分析工具找出相应的小语种词汇来优化小语种页面,从而最大化地获取小语种流量。

我们还可以通过直通车的数据分析来选择匹配度最高的关键词进行推广,从而为产品精准引流。

从流量的落地页面来看,流量还可以分为店内流量和站内其他流量两类。店内流量相对比较简单,也就是通过店铺内的搜索栏搜索本店产品的流量。而站内其他流量包括的范围比较广泛,但是其核心就是店铺产品与产品之间页面的跳转,也可以称之为流量的共享,主要工作就是关联营销以及店铺装修等环节。

(五)数据化优化点击率和转化率

在店铺有了稳定的流量以后,为了更好地提升店铺的业绩,接下来就要开始分析产品的点击率和转化率。

影响点击率的要素相对比较简单,主要是产品的主图和标题。产品能否获得买家的点击,首先要看主图展示的是不是买家想要的产品。下面就通过数据分析,分析出搜索频率高的产品属性来优化我们的产品主图。在产品标题中要尽量添加一些点击量高的词,这样才能更好地提高点击率。

影响转化率的因素主要有单品的转化率和全店的转化率。单品的转化率重点关注的是流量优化、商品优化以及客服优化。

店铺的转化率更多的是取决于热销款商品的转化率,要从平均停留时间、热销款流量的去向以及老客户营销来提高店铺的整体转化率。

（六）整体店铺的数据分析

当我们选好了产品，引来了流量，优化了点击率和转化率以后，接下来要做的就是分析店铺整体的数据。

进行店铺整体的数据分析时，首先要分析的是买家的行为，通过分析店铺的买家具体特征，可以为接下来的运营提供数据支持。

分析完买家行为以后，就要分析运营人员在日常的数据化运营中，每个不同的时间节点都需要做哪些工作。工作细分了，效率才能提高。

利润永远是卖家最关注的问题，而店铺的利润在绝大多数情况下取决于仓库中的库存，也就是我们最关心的仓库的动销率。所以，我们要经常统计仓库中哪些产品是滞销的，从而将其淘汰；哪些产品是热销的，从而将其继续推广。仓库的动销率提高了，店铺的利润自然也会随之增加。

（七）无线端数据分析

无线端的优化和 PC 端稍微有所区别，受屏幕大小的限制，无线端更突出的是主图的重要性以及详情页的适配性。只有做好了无线端的数据分析，才能够更好地服务买家，从而提高店铺的点击率和转化率。

作为付费流量最大的入口，直通车的数据分析也是非常关键的。我们可以通过简单的方法来分析直通车推广的投入产出比。只有投入产出比提高了，直通车推广的效果才能更好。

总结一下，店铺的数据化运营阶段包括“选品”“引流”“优化点击率和转化率”“整体店铺的数据分析”这 4 个阶段，每个阶段都非常关键。

二、市场营销的不同手段

(一)搜索引擎营销

1. 搜索引擎的内涵

(1)搜索引擎是什么

搜索引擎是一个提供查询功能的系统,对互联网上的信息资源进行收集整合后提供查询,其中包括信息的收集、信息的整理和用户查询3个部分。搜索引擎是一个服务网站,可以为用户提供有效的检索信息,使用某些程序对互联网上的所有信息进行分类,以帮助人们找到所需的信息。

(2)搜索引擎营销的定义

搜索引擎营销是一种营销方法,它根据用户使用搜索引擎的习惯,采用付费形式或者技术手段,使网页在关键词搜索结果中排名靠前,引导用户点击,从而达到品牌展示和促进销售的目的。

搜索引擎营销的基本思想是让用户发现信息,并通过(搜索引擎)搜索点击进入网站/网页进一步了解他们所需要的信息。简单来说,搜索引擎营销所做的就是以最小的投入在搜索引擎中获得最大的访问量并产生商业价值。它的方法主要包括搜索引擎优化(SEO)、点击付费广告(PPC)、竞价排名、付费收录等。

(3)搜索引擎营销的价值

互联网用户使用搜索引擎越来越不耐烦,越来越多的互联网用户只关注搜索引擎结果的第一页,如果对第一个页面的结果不满意,就立即更改关键字或替换搜索引擎重新搜索。

因此,通过搜索引擎营销手段让自己的网站在搜索结果中排到靠前的位置是十分必要的,这样搜索引擎才可能为你带来更多的关注和点击量,同时也能带来更多的商业机会。

2. 利用搜索引擎分析竞争对手

无论是做企业还是做网站,或者任何行业都会有竞争对手,大家亦敌亦友,互相学习、共同进步。外贸行业也是如此,在决定进入外贸行业之前,首先要做的就是研究行业趋势。当我们对一个行业进行了仔细的分析,发现这个行业有着良好的发展趋势后,下一步我们需要做的就是研究潜在的竞争对手,所谓“知己知彼,百战不殆”。

如果我们跳过了分析行业及研究竞争对手这两个环节,没有一个良好的规划就开始做网站、做推广,最后只能得到两个结果:一是自己想做的关键词排名怎么都做不上去;二是自己认为不错的关键词,排名做到了第一也没有什么流量,进而也不会带来询盘或者订单。

确定你的竞争对手其实很简单,在搜索引擎中搜索产品的核心关键词,排在前两页的网站就是你的主要竞争对手。当然我们还需要从以下几个方面进一步去了解我们竞争对手的网站。

(1)了解网站的基本数据

想深入了解一个网站,就要对这个网站有深入的分析。我们先要从网站的基本数据开始研究。

首先我们来看“Wedding Dresses”这个关键词,这是一个热度很高的关键词,全球每月搜索量非常高并且竞争十分激烈。可想而知对于这样一个热度非常高的关键词,可以排在自然搜索结果前三位的网站一定是非常优秀的网站。无论从网站结构、内容及外链,都有值得我们学习的地方。

(2)外链

外部链接就像是对一个网页的投票,得到的票数越多,这个页面就越受欢迎。对于一个网页来说,来自同一个网站的反向链接再多,也还是一个人或者一个网站对你的投票,不能反映外链的广泛度。只有来自成千上万不同域名的反向链接,才意味着得到了成千上万个人的投票,所以我们在判断一个网页的外部链接策略的时候,需要看这个页面获得的 root domains 才更加准确。

那么我们又有疑惑了,是不是 root domain 的数量越多就越好呢?答案当然是否定的。

当我们多研究一些关键词后就会发现，排名与外部链接数量之间并不是绝对的对应关系。对于有一些关键词来说，一些外部链接很少的网页也可以获得很好的排名。我们有时候常会纳闷为什么我的网站外部链接非常多，排名仍然没有那些外部链接非常少的网站好。下面我们就为大家来解释一个好的外链应该具备哪些条件。

①单项链接。最好的外链是对方网站主动给予的单项链接，而我们不需要链接回去。这表明不是友情交换链接，是对方网站对我们网站内容认同并给予一个投票，这样的单项外链才是有价值的外链。

②经过编辑的外链。外部链接其实分为很多种，最有价值的是将链接嵌入软文中。也就是说，对方网站在一篇专业文章中很自然地提到了我们的网站，并且给予了我们一个反向链接，这表明对方网站认为我们网站上有浏览者需要的最权威、最有用的信息，所以才会提供一个反向链接到我们的网站页面，这种链接才是真正意义上的投票。

③内容相关性。一个与目标网站内容相关的外链才是好外链。例如，一个财经评论的网站给做婚纱的网站一个单向外部链接，这是主题完全不匹配的。即便这个财经网站拥有再高的网站权重，也不能够给婚纱网站的页面带来排名的提升。

④域名权重及排名。发出单向链接的网站的域名注册时间，以及该网站的域名权重都是很重要的决定因素。总的来说，一个网站的域名注册时间越久，域名权重越高，对于获得该网站反向链接的网页来说，对排名的帮助越大。

⑤导出链接数目。一个网页页面上存在的导出链接数目越多，那么每一个链接所能分得的权重就越少。所以如果一个网站页面上没有内容全部都是各种导出链接，那么即使这个网站拥有再高的权重对网页的排名提升效果也不大。只有实质性内容的新闻或者博客网页上得到的导出链接才对排名有促进的效果。

⑥来自“好邻居”的链接。我们在寻找外部链接的时候要关注正规网站，不要

去寻找违法的外链。搜索引擎对于这类网站的惩罚是非常严厉的,如果我们在这些类型的网站上加了外部链接,也有可能被搜索引擎一起惩罚。

⑦来自“gov、edu”等域名的外链。“gov、edu”这类域名是不可以随便注册的,这些域名大多与政府机构、大学或者科研机构有关系,域名本身就很难获得,加上这种类型的网站上存在垃圾内容的可能性相比起其他后缀的域名要小很多。所以来自这些域名后缀的外链也是非常有价值的。

3. 利用搜索引擎寻找买家

除了参加世界各地的展会,购买阿里巴巴等第三方平台的会员等方法外,外贸从业人员还应该掌握一个强大又经济划算的工具——用搜索引擎来搜索客户。在以下内容中,我们会从几个方面向大家详细介绍如何用搜索引擎寻找到全世界的买家。

(1)关键词法

搜索产品相关的关键词,会出来成千上万甚至上百万的网页,这些网页都与我们搜索的产品有着千丝万缕的联系。将这些搜索结果进行深度挖掘可以找到很多潜在的买家,或者是非常有价值的行业内论坛。例如,当我们在 Google 中搜索“solar energy products”的时候,可以看到搜索引擎给出了几个关键词推荐,这些被推荐的关键词并不是随便出现在这里的,这都是 Google 通过算法计算出的与我们输入的关键词最相关而且搜索热度较高的长尾关键词,这些都是我们用来搜索客户很好的关键词。

当我们选中关键词之后,下面会出现相关的搜索结果,我们可以看到有付费的广告也有自然搜索结果。一般来说,除去像“Wiki”“Youtube”等此类网站,剩下的能够排在自热搜索结果第一页的都是权重较高的企业网站或者是行业内论坛。这些企业网站本身就可能是我们的潜在客户,他们有可能就是我们的产品在相应国家的大型代理商,需要从中国进口商品到本国销售,那么我们要果断把此类网站的联系方式(如邮箱地址、电话等)保存下来;如果是一些行业内论坛那就更要引起关注了,因为很多潜在买家会在论坛中发布一些求购信息。

（2）纵向法

除了利用搜索引擎寻找可能的直接买家,我们还可以利用纵向思维去寻找客户。比如,销售的产品是“PPR Pipes”（家用上下水输水管）,我们就要思考,在国外什么样的人群可能是我们的潜在买家。如果新房在装修肯定需要这类产品,那么房子的主人一般会到什么地方购买呢？第一种情况是在装修公司的推荐下直接从他们那里购买,第二种情况则是到类似于建材大卖场的地方购买。那么这两种人群不正是我们要寻找的潜在买家吗？那么我们到什么地方可以找到这两种人群的联系方式呢？想来,他们也是做生意的,也需要发布广告,我们可以到 Google 中搜索这类公司发布的广告,如装修公司发布的广告,我们拿到联系方式之后就可以与之联系。按照纵向法我们又可以扩展一大批潜在客户。当然,潜在客户信息的获得还是要基于我们能够熟练地使用搜索引擎。

（3）横向法

除了专业性很强的产品,大多数客户的采购类别都是可以延展的。比如,我们搜索到一个客户的求购信息是办公桌,那么我们可以类推这个客户可能也需要采购办公椅。有的客户的求购信息提到了金属相框,那么这个客户很有可能也会对木质相框感兴趣。依此类推,我们会发现潜在客户范围在不断地扩大。

但是使用横向法寻找客户切记不要急躁,因为客户目前求购的产品并非我们所推荐的产品,我们需要耐心跟客户沟通,让他们对我们的产品品牌有一个好的印象,也许当时客户对我们的产品并没有需求,但是假以时日,当客户需要采购类似产品的时候可以第一时间想到我们的品牌,这就够了。千万不能抱着很急躁的心态,一定要记住一句话:“欲速则不达。”

（二）社交网络营销

1. 社交网络营销的基础和作用

社交网络即社交网络服务,源自英文“SNS”（Social Network Service）,中文直译为社交网络服务。社交网络含义包括硬件、软件、服务及应用,由于四字构成的词组更符合中国人的构词习惯,因此人们习惯上用社交网络来代指"SNS"。

社交网络主要是根据人脉理论,即通过朋友介绍来认识新的朋友,并且这个关系网可以无限地扩展下去。社交网络营销是一种非常时髦并且高效的营销方式。

因为社交网络这个关系网是基于真实存在的人,所以比起传统的广告渠道,社交网络可以找到更精准的客户,提高成交率,并且因为社交网络具有很强的互动性,可以使我们的广告得到很快的反馈。社交网络营销可以帮我们推广品牌,让潜在客户对我们的品牌有一个很强的认知度。在某些情况下,即便不能够直接快速带来询盘,社交网络也可以与其他营销渠道结合带来很好的推广效果。很多时候我们的潜在客户会在社交平台反复看到我们的品牌甚至与我们进行互动,但是当时这个潜在客户并没有采购需求,当他某一天有采购需要的时候可能会直接在搜索引擎中搜索我们的品牌,从而直接带来询盘甚至订单。在这整个过程当中,虽然SEO是询盘来源的直接渠道,但是我们不能够否认SNS在推广品牌方面有着不可替代的作用。

2. 社交网络营销——Facebook

目前,全世界有20多亿人在使用社交媒体,而这个数字还在以惊人的速度增长。大量的受众带来了巨大的机遇,商家当然不想错过。那么,营销人员应该如何设定正确的全球社交媒体营销目标呢?

有效的社交媒体营销不仅有助于成功企业的建立,还将有助于提高社交媒体营销效果,从而对销售及公司的发展产生积极影响。

围绕不同的需求、兴趣和技术,全球有上百个社交媒体网络,而它们的共同点就是对话。对于品牌商来说,对话使品牌变得更吸引人,能让价值超出简单的产品和服务。由于社交的个人属性与传播性,可以做到更精准的推送与更佳的传播效果,所以现在做品牌推广和市场营销,不谈社交网络都会觉得落伍。不过遗憾的是,尽管具有诸多优点,但是在实际应用中,社交网络并未起到中流砥柱的作用,仍然处于起步阶段。

（1）Facebook 简介

Facebook 是一种综合社交网络，创造性地将人与人之间的线下关系搬到线上，通过 Facebook 可以维持与朋友、客户之间的关系，也可以建立新的人际关系。通常用户在 Facebook 中上传的照片或者头像都是真实的，通过这种真实的与客户之间的互动，使得客户与我们之间有了一种可信任的良性交流，从而更容易基于信任而建立业务关系。Facebook 具有信息传播快、信息量大、客户精准、广告效果可量化等显著特点，是目前国内企业跨境开展国际贸易的主要渠道之一。

（2）Facebook 寻找客户的操作流程

①主动寻找客户。分为以下三步。

第一步：用邮箱、手机号注册 Facebook 账号，手机号具有唯一性，不可随意更换。尽量完善我们在 Facebook 的注册信息，使客户更容易信任我们。

第二步：登录 Facebook 账户。

第三步：输入产品关键词，打开链接。查看用户“详细资料”“联系方式”等信息。如果判断该客户为潜在客户则可加为好友，那么该用户的相关信息中可能还有我们其他的潜在客户。如果我们搜索到的是一个企业的公共主页，我们则可以在该公共主页中找到该公司的相关联系方式，还可以关注该主页，并且在该公共主页已关注的其他主页中找到我们其他的潜在客户。

单击“about”会看到该公共主页公司的详细介绍。

②建立公司公共专页。除了主动寻找客户，利用 Facebook 我们也可以完善自己公司的公共主页，等待客户主动联系。专页的名称要与我们现在的品牌和业务地区相关，地址要与品牌或者公司网站、网址一致。

专页的设置需要与公司网站大体保持风格一致，可以设置专页的名称和网址、联系方式，并且创建 Facebook 短网址。如果已经在其他社交平台有过推广，还可以在 Facebook 中添加其他应用，如 Twitter、Pinterest、Coogle 等。当公共主页建立好之后，可以开始发布内容，内容要有独创性、有吸引力并且图片要吸人眼球。我们在正式开始编辑内容之前，可以参考竞争对手或者其他行业公司的专页，看他们是如何撰写内容以做到让更多的 Facebook 用户关注自己的公共主页。

当我们建立好 Facebook 专页之后，还要持续地发布对用户有帮助或者他们感兴趣的内容，才能吸引访问者成为我们的粉丝。专页上的粉丝通过浏览我们发布的高质量内容，可以进行分享，让他更多的好友知道我们的品牌并且形成广泛传播，进而得到更多用户的认同。所以说专页上发布的内容信息是至关重要的。在建立品牌专页之初，如果我们不知道要发布哪些内容，可以通过研究竞争对手或者同行的 Facebook 粉丝专页，研究他们每天发布的文字、图片甚至视频内容，仔细研究他们发布的每一篇帖子的评论数量、被点赞的数量，借此来分析这篇帖子的内容是不是被用户所喜欢，是否形成了广泛的传播。如果是一篇高质量的具有被广泛传播潜力的帖子，则这篇内容的浏览者会主动分享到他自己的朋友圈，这就产生了极大的病毒式传播效应。而这种品牌效应的传播都是不需要额外付出成本的。

在编辑内容的过程中，我们要切记，图片是非常重要的。Facebook 是一个非常看重图片的社交平台。如果我们拥有丰富的产品图片，可以将这些高质量的产品图片制作成相册，并且带上网站链接，从中精选出一张图片作为 Facebook 分享相册的封面图片，吸引更多的浏览者点击我们的图片相册进而访问我们的网站。

因为 Facebook 专页没有好友概念，只有粉丝，那么如果一个浏览者没有成为我们专页的粉丝，是不是我们更新的内容他就没有办法看到了？理论上来说是这样的，那有没有什么好的解决方法呢？如果我们认为某个浏览者可能是我们的潜在客户，并且我们希望让他持续看到我们内容上的更新，我们需要怎么做呢？我们可以在个人 Facebook 主页上添加这个人为好友，然后把我们每天在 Facebook 专页中更新的内容分享到个人页面的时间线上，这样我们个人页面上所有的好友都可以看到这些更新的内容，当他点击这些内容进入我们的粉丝专页的时候，就有可能成为我们专页的粉丝。Facebook 会对我们分享的像素超过要求的图片进行压缩，所以我们上传的图片尽量是正方形，保证图片不会变形，不会影响用户体验。如果我们需要分享的链接过长，可以使用 Facebook 提供的短网址服务，将网址缩短，这样更容易吸引访问者点击链接。

3. 如何在 Facebook 上做企业推广

对一个企业来说，Facebook 上针对企业的专页（以下简称 FB）意味着属于你的在线社区，也是你企业文化的宣传栏。理想状态是，访客经过这里，很快地了解你的企业、欣赏你的企业，一段时间以后信任你的企业。

在 FB 上推广自己的企业要注意以下几点：

（1）增加粉丝。没有捷径去增加 Facebook 上的粉丝，只有在一切需要填写资料的地方留下链接，同时附加上一个让别人关注你的一个理由（如新品、折扣、活动）。

（2）企业信息的描述尽量使用图片，因为图片更直观。

（3）展示的重要性大于叙述，不要在 Facebook 上面直接发布产品信息、服务内容这些硬性推销的东西，而是要尝试着讲一下你品牌和企业背后的人和故事。

（4）用好 Snag It、PicMonkey、Instagram。

（5）发布更新的时候要注意多样性。链接、优质文章、能带动情感的图片、短小精悍的视频、平白的纯文字，甚至于名人名言都用一些，页面内容要多样化一点。推文结尾处留个问题，带动讨论、议论……

（6）纯文字信息。每周放一条原创的纯文字信息，如你的一些新想法。要看看同行最近在谈论什么话题，并参与讨论。

（7）删除一切价值不高的、只是你网站的链接分享的垃圾更新，否则这可能会让你的活跃粉丝跑光。

（8）FB 运营人员需了解企业，把企业的在线风格定位好并保持一致，而 90％的人可能忽略了这一点。

（9）文章用短句写，因为人人都很忙。

怎样提高你的专页用户参与度，降低你的广告费？如果你利用好 Facebook Insights 这个工具，你就可以找到很多方法。Facebook Insights（受众分析）不仅可以帮助营销人员精准投放自己的广告，而且可以帮助营销人员了解自己的用户、目标市场的用户习惯甚至是分析竞争对手的用户情况；具体的操作是，首先，进入你的 Facebook 广告管理后台，在“工具”里面找到“受众分析”，在位置中把“美国”移除，然后在“感兴趣的更多关键词中”输入 Anker，就可以看到 Anker Official 的选项，选择 Anker Official，这时候 Anker 粉丝的情况就出现在你的眼前了（这里也可以输入你自己的粉丝专页或者其他的粉丝专页）。然后我们就可以从不同的维度分析粉丝的情况了。

（三）社交网络营销 Linkedin

1. 社交网络营销——Linkedin 的介绍

Linkedin（领英）致力于向全球职场人士提供沟通平台，并协助他们发挥所长。

Linkedin 有三大不同的用户产品，也体现了三种核心价值。

（1）职业身份

职业身份呈现为个人档案。Linkedin 平台可以便捷地制作、管理、分享在线职业档案，全面展现职场中的自己。完善的个人档案是成功求职、开展职业社交的敲门砖。

（2）知识洞察

关注行业信息、汲取人物观点、学习专业知识、提升职业技能、分享商业洞察。在飞速变化的互联网时代，把握市场脉搏，获取知识见解，是保持职业竞争力的基础。

（3）商业机会

在 Linkedln 寻找同学、同事、合作伙伴，搜索职位、公司信息，挖掘无限机遇。在这里，能够建立并拓展人脉网络，掌握行业资讯。

2. 社交网络营销——Linkedin 找客户的操作流程

第一步:注册 Linkedin 账号。

第二步:登录 Linkedin。

第三步:搜索产品关键词,选择群组“Group”,如果群主是“view”模式的就单击“查看”。如果群组是“join”模式的就单击“加入”,等待审核通过后查看。

第四步:在“view”这模式下,我们可以在个人页面当中看到“contact info”,通常我们单击“company website”会跳转到该用户的公司网址,这个时候我们可以把该公司的“email address”找到,发邮件联系,也可以直接打电话过去。

第五步:如何判断该用户是不是你的潜在客户?查看该用户近期发布过的消息是否跟我们的产品相关,也可以根据用户的姓名或者所在公司去阿里巴巴买家栏目查看他是否发布过求购信息,如果符合以上两点,说明他有意向从中国采购并且是我们的潜在客户。

第六步:拿到客户的姓名、E-mail 地址之后我们再给客户写开发信就不会被轻易删除了,因为通过此前这一系列的沟通彼此之间已经建立了基本的信任,这是成功吸引客户的第一步。

3. 跨境电子商务企业如何利用 Linkedin 进行海外推广

Linkedin 是针对专业人士(在某个领域的工作人员,可以是医生也可以是软件编程人员)的 SNS 社交网络,利用 Linedin 的群组、公司专页、个人介绍以及问答系统都可能找到客户,所以是海外推广的最重要的社会化营销工具平台之一。

(1)个人主页

注册个人主页,先登录 Linkedin,注册真实身份。如果做外贸,需填写自己的英文名称。

Linkedin 有两种会员模式,一种付费,另一种免费。最大的区别是付费的版本可以发信息给不在自己好友圈子里的用户。用户可以在熟悉后尝试付费。注册后需完善个人的照片、公司名称、学校等各种信息,其中公司行业、公司简介等非常重要。填写完毕后,需验证邮箱。

尽可能地导入和自己相关的客户,特别是自己积累的潜在客户。

(2)公司专页

注册公司主页,需单击 Linkedin 导航中的"Companies",然后选择右侧的"Add a Company",输入自己公司名字及公司邮箱。个人邮箱会收不到验证链接。

单击"继续"按钮后,系统会向公司邮箱发送确认信。单击激活后就完成了公司页面的注册。

完成认证后,填写公司介绍、网址、产品或者服务介绍等信息,单击"Admin Tools",然后选择"Edit"。

在这里可以添加一些有用的内容。同时在首页申请分享链接,放到公司的英文网站上。这样方便国外客户加入,成为好友。

之后可以邀请或者加相关行业的群组,同时可以建立相关群组。经常在群组中分享相关的行业内容,培养潜在客户。

和百度知道一样,Linkedin 问答里面同样有很多潜在客户。经常在 Linkedin 问答区回答和自己行业相关的问题,如果质量高的话,可能会被选中为最佳答案,贴上"Expert"的标签。客户看到后,可能会主动找上门。

(四)社会化媒体营销——微信营销

1. 微信营销

微信是为智能终端提供即时通信服务的。微信支持跨通信运营商、跨操作系统平台,通过网络快速发送(需要消耗少量网络流量)语音留言、视频、图片和文字。

2. 微信营销平台的功能

微信营销离不开微信公众平台的支持。微信是移动端的一大入口,正在由社交信息平台演变成一大商业交易平台,并开始对营销行业带来颠覆性影响。消费者只要通过微信公众平台对接微信会员云营销系统,就可以实现微推送、微会员、微储值、微官网、商品查询、会员推荐提成、体验、互动、选购、订购与支付的线上线下一体化服务模式。主要功能如下：

（1）商品管理：商城后台具备商品上传、分类管理、订单处理等与网上店铺几乎一致的功能。

（2）自动智能回复：卖家可以设置系统自定义内容，当用户首先关注卖家的商城时，可以自动将此消息发送给客户，还可以设置关键字回复。当用户回复指定的关键字时，系统将自动响应相应的内容设置，以便客户在最短的时间内获得所需的信息。

（3）支付功能：支持支付宝、财付通及货到汇款等支付方式。

（4）促销功能：积分赠送、会员优惠等。

3. 微信营销平台的运营

（1）营销推广

企业在决定开通公众平台之前，首先应考虑想通过这个平台实现什么目标？定位是什么？需要微信实现哪些功能？然后开始选择注册订阅号还是服务号（两者的具体区别可以参考公众平台页面的官方解释）。一般企业通过微信要达到的最主要目的是营销推广，因此商家应定期推送一些产品信息给用户。很多商家还会关注新政策、新信息，借助第三方功能开发机构来提供一些增强型服务。

（2）第三方开发平台的选择

众多企业目前越来越重视微信第三方功能的开发。在选择从事第三方功能开发的企业时，应首先考查这家企业之前的合作案例，看看其都与哪些公司合作过。如果是各个行业内的龙头企业，那值得合作。因为一般大企业在选择合作伙伴时会有非常严格的筛选。其次，可以关注这些企业的官方微信，体验下他们开发的功能。如果觉得有些功能不太符合自己企业的需求，可以提出细化的修改方案。

（3）企业客户关系管理

企业客户关系管理就是留住老客户。企业通过营销活动获取了大量客户关注后，需要有意识地对客户按照不同属性进行分组，发送定制化的内容。对年轻客户群多使用新潮语；针对中年客户群的文案应成熟、稳重，提供有价值的内容。对于客户的留言要及时、高效、热情地处理。很多企业会自定义关键字回复,但对这一功能不能过分依赖。需定期检查用户的提问跟关键字回复是否匹配,不要让用户感觉自己被忽视而取消关注。

(4)内容运营

公众号的定位不宜只是狭窄地发布自己产品的宣传文案,应泛行业化。这样不仅不会弱化自己产品的存在感,反而把企业提升到了行业标杆的高度,有利于挖掘到更多的潜在用户,提升品牌的知名度。

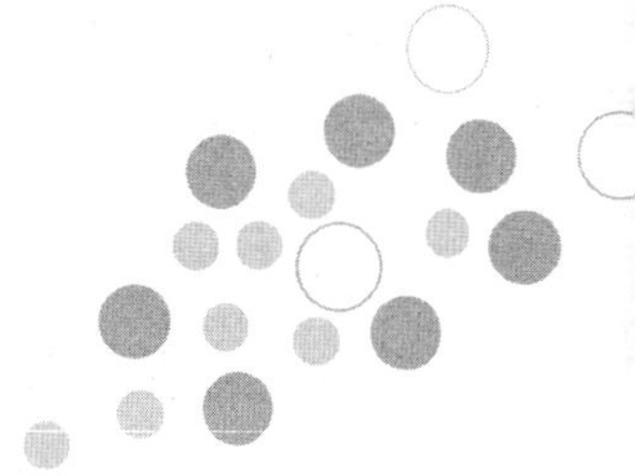

参考文献

[1] 刘静.跨境电子商务英语人才的培养研究[M].北京:中国纺织出版社,2021.

[2] 李华.高职电子商务人才培养的研究与实践[M].北京:中央编译出版社,2021.

[3] 刘锦峰.创新与突破高职电子商务专业群人才培养体系构建与实践[M].北京理工大学出版社,2021.

[4] 邓卓建.电商企业文化(职业教育电子商务专业系列教材)[M].重庆:重庆大学出版社,2021.

[5] 朱晓峰,程琳,王一民.商务数据分析导论[M].北京:机械工业出版社,2022.

[6] 劳赐铭.农村电子商务人才培养与培训指南[M].北京:国家开放大学出版社,2021.

[7] 叶万军,隋东旭,邹益民.跨境电子商务概论[M].北京:清华大学出版社,2021.

[8] 喻跃梅.电子商务概论(第3版)[M].北京:电子工业出版社,2021.

[9] 郑广成,俞国红.电子商务法律法规[M].北京理工大学出版社,2021.

[10] 叶小濛,陈瑜,陈晓龙.电子商务人才培养与教学体系建设研究[M].北京:中国商业出版社,2021.

[11] 王华新,赵雨.电子商务基础与应用[M].北京:人民邮电出版社,2021.

[12] 邹益民,隋东旭,朱新英.跨境电子商务支付与结算[M].北京:清华大学出版社,2021.

[13] 王亮,李岚.移动电子商务基础[M].西安:西安电子科学技术大学出版社,2021.

［14］吴志兴．地方高校工商管理专业应用型人才培养模式研究［M］．沈阳：辽宁大学出版社，2020.

［15］梅秀花．电子商务概论［M］．武汉：武汉大学出版社，2020.

［16］李军．电子商务创新创业［M］．北京：北京理工大学出版社，2020.

［17］王冰．跨境电子商务基础［M］．重庆：重庆大学出版社，2020.

［18］孟丛．电子商务安全与支付［M］．北京：人民邮电出版社，2020.

［19］茅和华，周剑锋，胡平．电子商务实务［M］．北京：北京工业大学出版社，2020.

［20］陈旭华，蒋鹏，邱阳．电子商务直播电商方向专业教学标准［M］．北京：电子工业出版社，2020.

［21］刘华琼．实施乡村振兴战略下的农村电子商务发展研究［M］．北京：中国水利水电出版社，2020.

［22］卢彰诚．产教深度融合的电子商务专业群人才培养体系创新研究与实践［M］．延吉：延边大学出版社，2019.

［23］崔淑娟，陈少明，范爱军．跨境电商背景下商务英语人才需求与教学模式研究［M］．长春：吉林人民出版社，2020.

［24］陶玉琼．电子商务基础与实务（第 2 版）［M］．北京：北京理工大学出版社，2019.

［25］陈佳乐，陈明．电子商务案例分析（高素质技术技能型人才培养教程）［M］．北京：北京理工大学出版社，2019.

［26］陈国祥，邵明．应用型人才培养的探究与实践［M］．镇江：江苏大学出版社，2019.

［27］陈敏．中高职贯通教育人才培养模式实践探索［M］．上海：立信会计出版社，2020.

［28］蔡简建，陈明．网络创业［M］．北京：北京理工大学出版社，2019.

[29] 丁莎.电子商务网站建设[M].北京:电子工业出版社,2019.

[30] 蔡燕.电子商务客户服务[M].上海:华东师范大学出版社,2019.

[31] 邢苗条,刘红梅.电子商务概论[M].北京:电子工业出版社,2019.

[32] 欧志敏,刘生娥.电子商务商品知识[M].北京:中国人民大学出版社,2020.

[33] 吴臻,林逸棋,戴幸平.电子商务概论[M].武汉:武汉理工大学出版社,2019.